DECIDIR
SER
COMPETENTE

GILBERTO PALACIO VILLARREAL

Una Revisión de Paradigmas para

SER COMPETENTES
y
Dar cabal cumplimiento
a
TODAS NUESTRAS RESPONSABILIDADES.

Ensayo para promover:
La Eficacia, la Eficiencia y la Credibilidad

En todas las actividades que realicemos, ya sean:
Personales, Profesionales, Empresariales o
Gubernamentales.

Para avanzar hacia una
MODERNIZACIÓN HUMANISTA
no solamente tecnológica.

.

CONTENIDO

INTRODUCCIÓN

Este libro, por ser un proceso reflexivo, es germinal para todos aquellos lectores que desean profundizar en el qué, para qué y por qué de los temas que aquí se tratan, para desarrollar un proceso dialéctico, enfrentando las tesis de cada quien, con las que aquí se exponen o con las de otras personas y autores, para alcanzar nuevas síntesis o conceptos que contribuyan a una mejor administración y posición competitiva de nuestras personas, empresas, instituciones y gobiernos.

El hombre es capaz de establecer propósitos y actualizarlos, ya que es capaz de visualizar sus ideas que dan origen al establecimiento de dichos propósitos.

El hombre, a través de su conciencia, marca el rumbo que debe seguir, le da dirección al devenir en su vida, da trascendencia a su esencia y convierte su existir en algo que él mismo define en el uso de su libertad.

Debemos administrar nuestra vida, nuestro tiempo, nuestro dinero, nuestra familia.

Algunos administran su negocio o su bufete profesional, otros ocupan puestos ejecutivos en alguna empresa o institución y otros tienen responsabilidades gubernamentales: ejecutivas, legislativas o judiciales, ya sea en el ámbito municipal, estatal o federal.

Podemos escapar de muchas actividades excepto la de "Administrarnos a nosotros mismos", salvo que queramos vivir al garete, en un "vacío existencial", como lo califica Viktor Frankl en sus tratados de Logoterapia, cuando una persona no sabe qué sentido tiene su vida.

Eso mismo puede acontecer a nuestras empresas, instituciones y gobiernos, cuando no tienen definida una "estrategia" a seguir y por lo tanto, también están a la deriva, en un vacío existencial, ajustando su hacer a las circunstancias de cada momento.

La motivación que me llevó a desarrollar este Trabajo, fue la de compartir mis reflexiones en los temas en los que he incursionado por más de 60 años, en diferentes campos de actividad, así como por el estudio de muchos libros y publicaciones y por la participación en foros e instituciones educativas, como ponente o como asistente.

También mis reflexiones provienen por el intercambio de ideas y experiencias con otras personas de diferentes actividades, tanto en mi país como en otras partes del mundo.

Mi propósito es avanzar en una didáctica para facilitar la reflexión, respecto a la esencia de la administración y de la competencia, pero siempre sustentado por el sentido de responsabilidad de quien o quienes administran, ya sea: su propia vida, su familia, su bufete o su empresa, así como el realizar con más competencia su compromiso ante sí mismo, ante terceros o ante la sociedad en su conjunto.

Hay que aportar valores a la sociedad y combatir las cadenas de anti-valores, de ineptitudes y de corrupción, que destruyen a la sociedad.

La Sociedad es lo que sus integrantes hacen por ella y con ella:

La desarrollan los competentes, la dejan al garete los incompetentes y la destruyen los corruptos, los especuladores y los depredadores.

Los siete capítulos de este Ensayo tienen un solo propósito:

"Motivar a la reflexión para fortalecer el nivel de competencia de los integrantes de nuestra sociedad, para avanzar en su desarrollo humano, social, ecológico y económico."

Por la razón anterior, se presenta este trabajo en forma de modelos, muchos de los cuales están contenidos en los diagramas lógicos de

Venn, donde los círculos son los silogismos y las intersecciones son las conclusiones.

Hagamos una cruzada para ser competentes en beneficio nuestro y de los que integran nuestra sociedad, cumpliendo con Eficacia, Eficiencia y Credibilidad todas nuestras responsabilidades, ya sean a nivel personal, profesional, empresarial o gubernamental, como estudiantes, educadores, empleados, jefes, legisladores o como integrantes de una familia.

La **Eficacia** es la capacidad de producir los efectos deseados para satisfacer necesidades reales.

La **Eficiencia** es la capacidad de optimizar el uso de los recursos para ser Eficaz.

La **Credibilidad** es la capacidad de actuar siempre con Responsabilidad Integral para lograr la Eficacia y la Eficiencia.

1. SER Y PERMANECER COMPETENTE

Ser competente significa:

Ser creador de valor, tanto para la Sociedad a la que se sirve, como para la Sociedad de la que se sirve y para sí mismo:

Ganar / Ganar / Ganar

Ser Competente significa asumir la responsabilidad de ser: Eficaz, Eficiente y Creíble, en todas las actividades que realicemos.

De ahí que, ser responsable es el punto de partida para lograr ser competente en aquello que realicemos o que esté a nuestro cargo.

La familia, la dirección de una empresa, la ejecución de una tarea, el desempeño de un cargo público, una representación gremial o social, ya sea que se auto-comprometió, o que fue contratado o elegido para realizarla.

Una Persona irresponsable, nunca podrá ser competente, ya que culpará a quien pueda o se le ocurra del porqué de su incompetencia.

Ser competente, ha sido el reto de todos los tiempos y de todos los entes para desarrollar exitosamente sus actividades; incumbe a gobiernos, a empresas industriales, comerciales y de servicio; a las instituciones educativas, de investigación y de beneficencia; también corresponde a todas las actividades mineras, agrícolas, ganaderas, pesqueras, etc. Corresponde a toda actividad que produzca satisfactores y utilice recursos, por lo tanto, también corresponde a las personas y a las familias.

Su ámbito es tan amplio o tan reducido como la visión y compromiso de cada persona.

Somos Eficaces cuando satisfacemos las necesidades y expectativas de la sociedad a la que servimos, ya sea por decisión propia o por obligación y también cumplimos nuestros compromisos con la sociedad de la que nos servimos.

Somos Eficientes cuando hacemos bien lo que la Eficacia nos dice que se debe hacer, utilizando los recursos en forma correcta y sin desperdicio y que los recursos sean todos los que se requieren emplear en tiempo y forma para ser Eficaces.

Al ser parte de un todo, de una sociedad a la que servimos y de una sociedad de la que nos servimos, resulta indispensable que esas relaciones estén sustentadas por la Credibilidad.

Sin Credibilidad entre las partes, no podría existir una interdependencia y por lo tanto, no podremos lograr una integración de valor.

Para ser Eficaz, es indispensable diagnosticar la esencia del para qué de lo que se va a realizar, a producir, a investigar, a estudiar, etc., ya que el resultado de lo que se haga tiene que satisfacer plenamente esa esencia del para qué.

Desde la génesis de la esencia, hasta el logro del propósito que debe alcanzar, hay un proceso o varios procesos (simultáneos o concatenados) los cuales para darse requieren de recursos.

Dichos recursos son muy variados y pueden ser simples o complejos, pero si no se cuenta con ellos, el proceso o procesos no se darán, el contar con ellos nos responde al ¿por qué?

Es decir: porque es posible que se de el proceso para lograr que la esencia cumpla con su propósito o sea su para qué.

Por lo tanto obtenemos la triada:

Propósito "Qué"

Satisfacción "Para Qué"

Posibilidad "Por Qué".

Contribuyen en la base de la estrategia, para orientar todos los esfuerzos hacia lograr la creación de valor en beneficio de todos los grupos demandantes.

He aquí algunas premisas:

No puede haber eficiencia si no hay efectividad.

No puede haber valor agregado si no existe valor de origen. El valor de origen corresponde al requerimiento fundamental de la eficacia.

El valor solamente existe cuando el receptor del producto o servicio lo acepta plenamente y esto es calidad.

Ese valor final es el resultado de concatenar eventos interdependientes, que se eslabonan aportando cada uno, la efectividad que le corresponde, para así lograr en el último evento, cumplir con la satisfacción plena de las necesidades y expectativas que decidimos cubrir o que estamos obligados a ello.

En la actividad económica, para competir, nuestro nivel de competencia debe satisfacer el estándar de calidad equiparable al de nuestros competidores o ser más alto si queremos sobresalir.

Todos somos parte de todo: esto es, de una sociedad a la que se sirve y de una sociedad de la que nos servimos.

Deseamos que la sociedad de la que nos servimos sea competente; muchas veces no lo es, también la sociedad a la que servimos espera lo mismo de nosotros.

¿Pero en qué consiste ser competente?

Consiste en entregar valor, que el producto o servicio que ofrecemos valga a quien lo recibe, porque está satisfaciendo plenamente una necesidad real o una expectativa y lo mismo acontece con los productos y servicios que requerimos nosotros, los cuales deben sernos útiles precisamente para lo que los necesitamos, es decir deben tener valor para nosotros.

Todo ente productivo de bienes y servicios debe ser un creador de valor y todos somos productores de bienes y servicios para nosotros mismos, para la familia y para la sociedad. Por lo tanto, debemos ser competentes para lograrlo, lo cual implica ser Eficaces, Eficientes y Creíbles.

Todos actuamos como demandantes y oferentes. Pero siempre nuestra actitud marcará el camino.

Si como demandantes aceptamos que los oferentes sean incompetentes, que nos entreguen productos y servicios malos, inacabados; al nivel "ahí se va", estamos fomentando nuestro deterioro y el de la sociedad.

Si como demandantes exigimos cumplimiento y calidad excelente estamos señalando que se requiere ser competente para servir a la sociedad entregándole valor.

De manera que, está en cada uno de nosotros, la decisión de cómo comportarnos tanto como oferentes o como demandantes para fomentar la clase de sociedad que queremos:

La que avance hacia la excelencia o la que nos lleve a la mediocridad y a la pobreza.

Nuestra realidad es que no se puede vivir aislado, cada persona es uno con los demás, de manera que, en las acciones y actitudes de todos los días tenemos la oportunidad de contribuir a la evolución y desarrollo de la sociedad o a su destrucción; nuestros principios y valores marcarán el camino.

Se debe mantener un equilibrio de satisfacción de las necesidades y expectativas de los distintos grupos de interés mutuo, para lograr su apoyo permanente y creciente y así cumplir también con las estrategias de desarrollo de la entidad, puesto que su existencia y razón de ser está fincada en producir dichos satisfactores para la sociedad a la que sirve y de la que se sirve.

Esto es aplicable a todos los entes que están vigentes y que tienen una razón para existir, llámense éstos: familia, empresa pequeña, mediana o grande, institución educativa, de beneficencia, de salud, municipio, gobierno estatal o federal.

Es fundamental por lo tanto, que se precise en ese proceso de intercambio entre una persona, sociedad o entidad pública, con quien se da ese intercambio, el ¿para qué? y ¿por qué?, siempre dentro de normas de comportamiento ético, pues sólo así se logra la interdependencia sana, realista y confiable.

Cuando no se da en forma natural y equilibrada, se rompe la realidad y surge la corrupción que todo lo destruye y evita que se dé el proceso de desarrollo que toda la sociedad en su conjunto y las personas en su individualidad requieren y se merecen.

Estos grupos conocidos como los grupos de interés mutuo, tienen una serie de necesidades y expectativas que esperan sean satisfechas por el organismo o ente al cual están ligadas por intereses comunes.

Los consumidores últimos forman parte de nuestro mercado real y potencial, son de vital importancia, sin ellos, el ente prestador de servicios no tiene razón de existir.

Este Segmento, es decir, los consumidores o receptores de los satisfactores, es reconocido por todos como el grupo fundamental, al que hay que cuidar y atender, pues constituye la generación de ingresos que nos permite seguir operando.

El segmento "Ecología", reviste cada vez más importancia, a veces es difícil precisarlo y comprenderlo, pero el mundo y la economía globalizada cada vez está más consciente de la necesidad de proteger nuestro medio ambiente, afortunadamente se está conformando una nueva ética, con un enfoque de protección a todas las generaciones futuras a las que nunca veremos, pues vivirán dentro de uno o varios siglos adelante, pero nuestra responsabilidad de proteger su vida es vigente.

Se ha avanzado en cuanto la aparición de leyes y reglamentos que precisan ciertas obligaciones mínimas, se han desarrollado diversas tecnologías para hacer posible o para facilitar ciertos manejos dentro de normas, se han dictado leyes que estimulan la inversión o propician reducción de ciertos impuestos cuando se trabaja dentro de ciertos estándares de protección ecológica.

Sin embargo es mucho lo que hay que hacer y lo que hay que descubrir para lograr ambientes no dañinos a los humanos y a otros seres vivos de la naturaleza, de ahí que además de las leyes de cumplimiento obligatorio y las leyes de estímulo para actuar dentro de normas, se requiere avanzar en la definición de conceptos éticos que habrá que aplicar.

El proceso de creación de valor para el cliente y para el resto de los grupos de interés mutuo, debe estar enmarcado por una serie de políticas que aseguren su consecución y debe institucionalizarse a través de un sistema que comprenda todas las actividades y que se alimente de una serie de sistemas especializados que lo soporten y que le den congruencia dentro del marco de las políticas generales que conforman toda la operación, o el diario hacer de las personas y de los entes privados o públicos.

Todos somos productores de valor y demandantes del mismo.

Tanto a quienes servimos, como de quienes nos servimos, constituyen el grupo de interés con quienes se establece una relación de interdependencia, ya que nosotros debemos satisfacer sus necesidades, condiciones y expectativas y ellos, a su vez, nos deben satisfacer nuestras necesidades, condiciones y expectativas.

Vivimos en un mundo de interdependencias con quienes tenemos que dialogar, negociar y comprender para poder Hacer, Estar y Permanecer vigentes en nuestras actividades, siendo siempre competentes en el cumplimiento de todas nuestras responsabilidades.

Debe haber satisfactores materiales, pues son básicos para vivir, pero debe haber satisfactores de conciencia, de buen hacer y de buen ser como resultado de servir en verdad y no en apariencia.

Las personas que son parte de nuestra red de interdependencia, deben recibir un trato digno y ético.

Se debe cumplir con las expectativas de los consumidores finales, que no son nuestros clientes directos, pero que esperan que al consumir nuestros productos o servicios no les ocasionemos daño.

Como un ejemplo que nos incluye a todos cuando consumimos alimentos, esperamos siempre que sean inocuos, que no dañen por contener elementos que nos van a enfermar o a matar.

Nuestros grupos de interés, esperan que cumplamos fielmente con los compromisos que tomamos frente a ellos.

Pero además las comunidades cercanas a nosotros, en donde operamos, cuyas expectativas legítimas esperan que no se les dañe con sustancias tóxicas, humos, ruidos, etc., cuidando la naturaleza y el equilibrio ecológico, que beneficiará o perjudicará (si no lo cuidamos) al mundo del mañana.

Al referirnos a una responsabilidad integral, estamos asumiendo eso, que hay que ser responsables en atender a todos nuestros grupos de interés, desde el punto de vista humano, ecológico y económico.

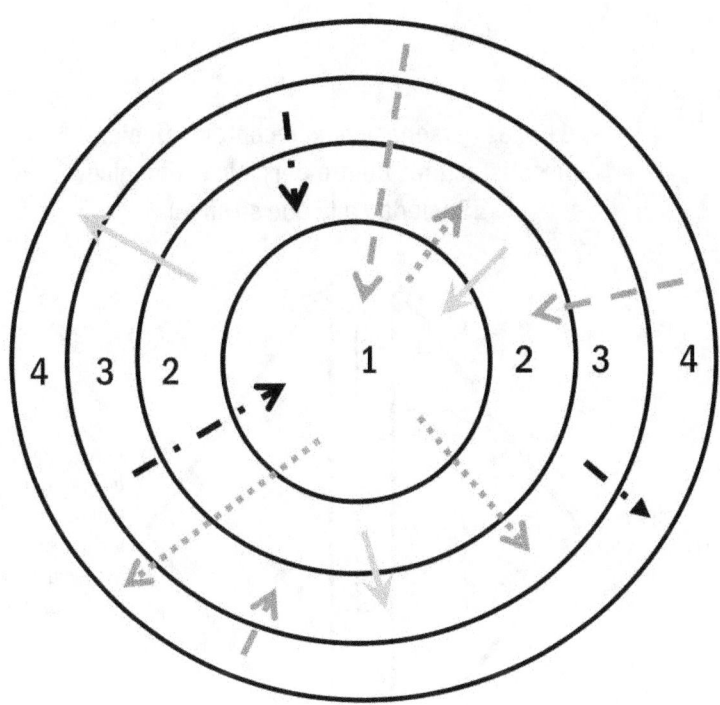

1. El Hombre (Ser Humano) Persona
2. La sociedad
3. La Naturaleza
4. Las Creaciones del Hombre para satisfacer sus necesidades directas e indirectas (Economía)

**1) Las Personas como receptores finales
de satisfactores dentro del ciclo económico
(Sociedad a la que se sirve)**

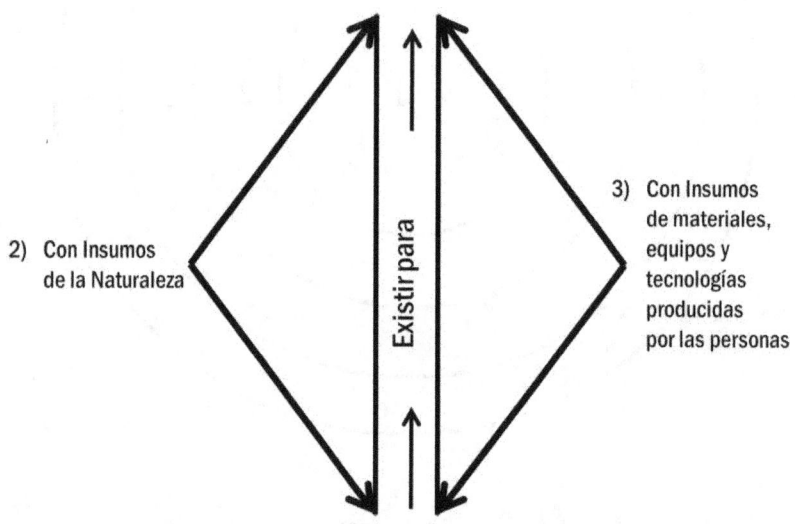

2) Con Insumos
de la Naturaleza

Existir para

3) Con Insumos
de materiales,
equipos y
tecnologías
producidas
por las personas

1) Personas prestadores de servicios
y productores de bienes y servicios.
(Sociedad de la que nos servimos)

Nuestra responsabilidad ante los diferentes grupos de interés

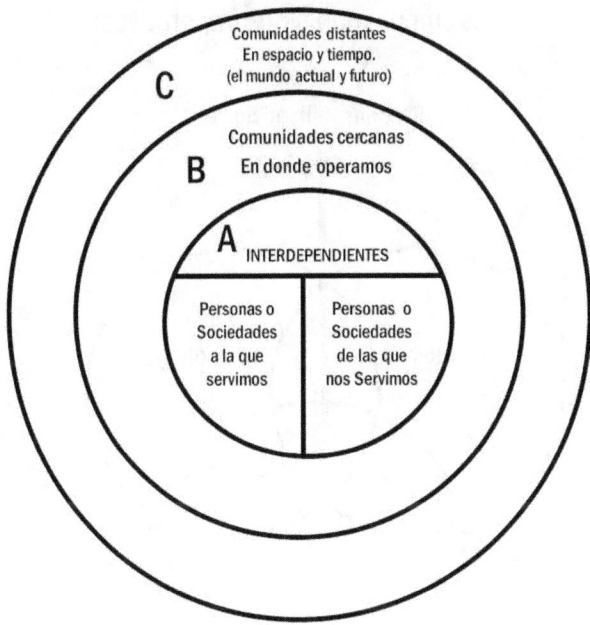

A   Alto contenido humano, social, económico y ecológico
B   Contenido humano, social y ecológico
C   Contenido ecológico y económico

Responsabilidad Integral

Es cumplir con estos imperativos:

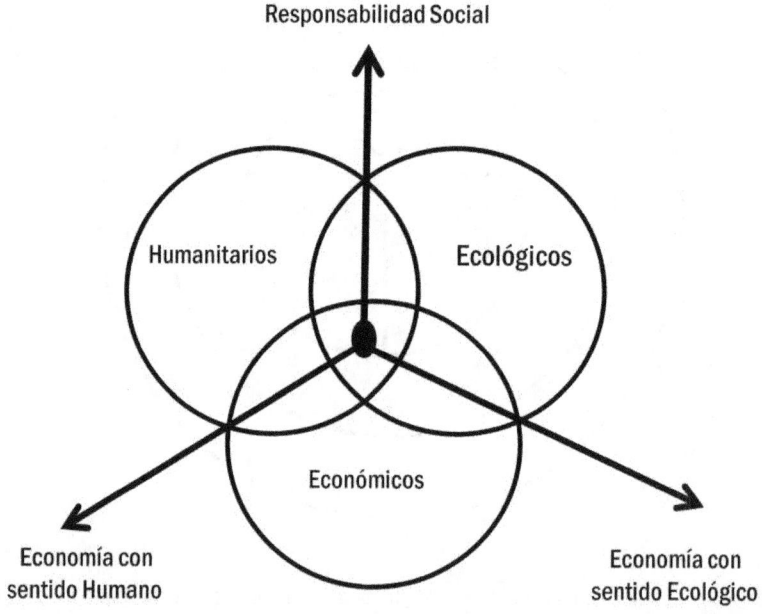

Responsabilidad Social

Humanitarios

Ecológicos

Económicos

Economía con
sentido Humano

Economía con
sentido Ecológico

La Responsabilidad Integral

Responsabilidad Económica

Responde a nuestra participación en cuestiones productivas, de comercialización, de servicio, de financiamiento, etc., para satisfacer necesidades que corresponden al ciclo económico, ya sea personal, de empresa o de gobierno.

Responsabilidad Humana y Ecológica

Responde a nuestra participación en cuestiones humanas, ecológicas y sociales paralelas a nuestra participación en el ciclo económico, ante nuestros grupos de interés; esto es el personal, los accionistas, los proveedores, instancias gubernamentales

Resumimos la Responsabilidad integral del administrador de la siguiente manera:

1. Lograr credibilidad y la máxima eficacia y eficiencia en el presente.

2. Analizar y aprender del pasado.

3. Construir el futuro definiendo los paradigmas que habrán de conformar su circunstancia.

4. Mantenerse actualizado siempre respecto a las necesidades y expectativas de sus grupos de interés.

5. Mantener el ente que dirige, en el nivel de competencia que le permita satisfacer siempre las necesidades y expectativas de sus grupos de interés.

Ser Competente

Cadenas de Valor

Satisfactor

Eficacia
Saber
Para qué
y
Por qué

Satisfactor

Confianza

Precio

Cadenas de
Responsabilidad
Integral

Credibilidad
Saber
Ser

Eficiencia
Saber
Hacer

Cadenas de
Proceso y de
Abastecimiento

Cultura de Competencia

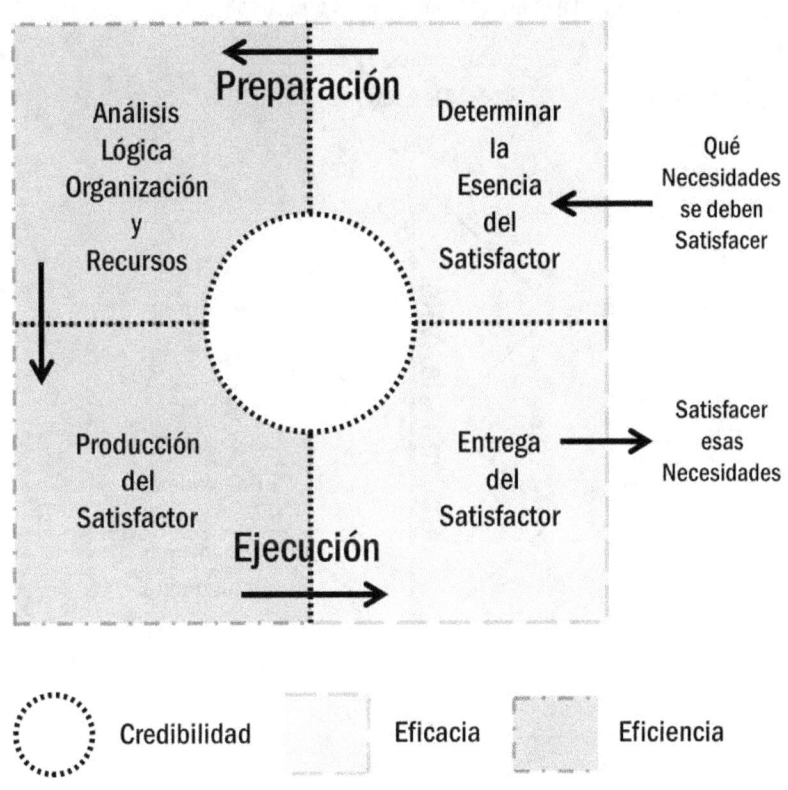

Interdependencia con los grupos de interés mutuo.

La sociedad a la que servimos y de la que nos servimos

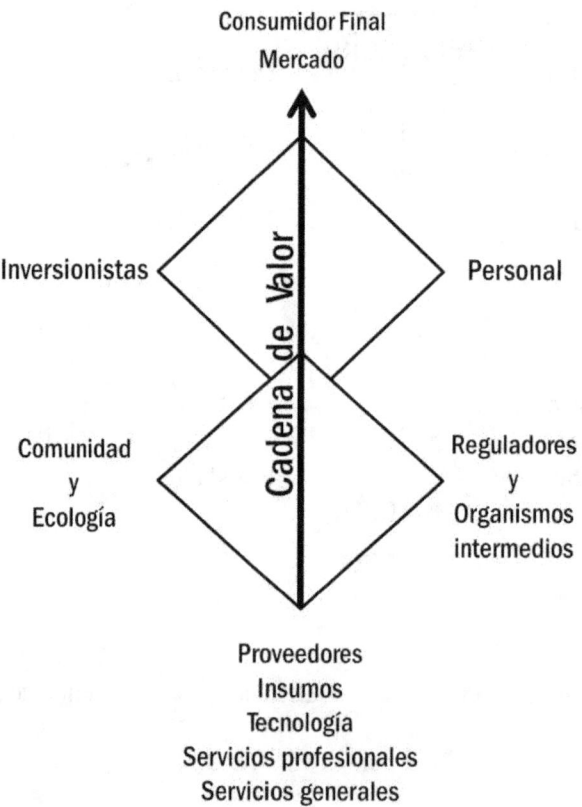

Consumidor Final
Mercado

Inversionistas — Cadena de Valor — Personal

Comunidad
y
Ecología

Reguladores
y
Organismos
intermedios

Proveedores
Insumos
Tecnología
Servicios profesionales
Servicios generales

Nivel de responsabilidad Integral

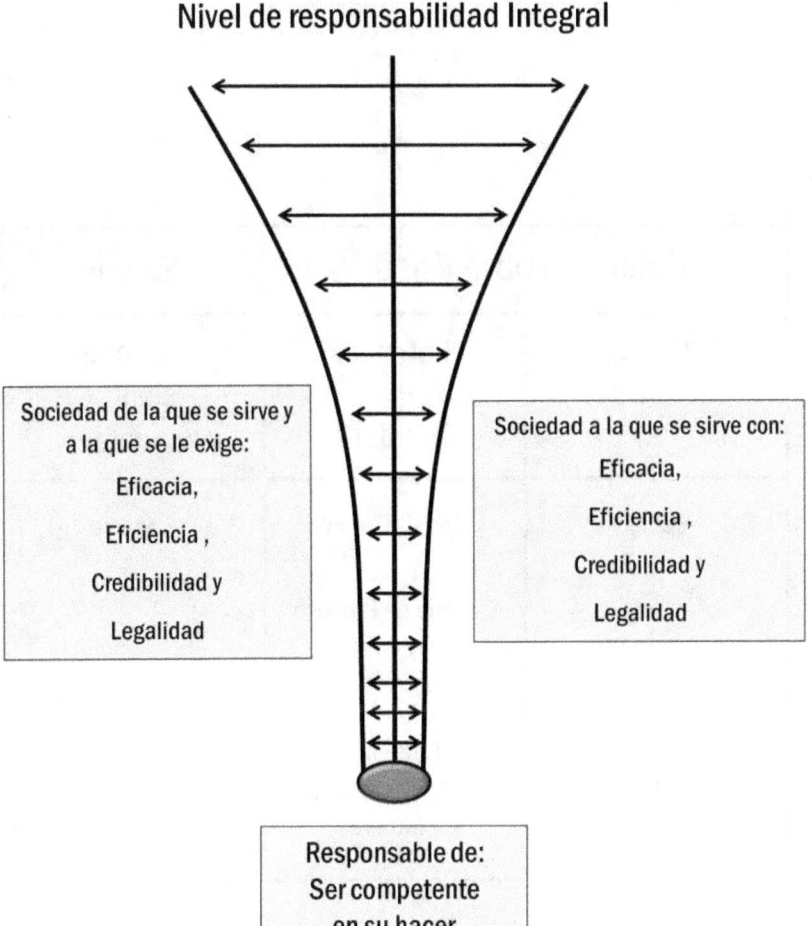

Sociedad de la que se sirve y a la que se le exige:

Eficacia,

Eficiencia ,

Credibilidad y

Legalidad

Sociedad a la que se sirve con:

Eficacia,

Eficiencia ,

Credibilidad y

Legalidad

Responsable de:
Ser competente
en su hacer

Escala logarítmica del impacto que para bien o para mal se produce de acuerdo con el nivel de influencia de sus decisiones y de su hacer.

Potencial para Existir		Existir
Potencia de Ser	Potencia de Competir	Competir siendo Competente
Saber	Cadena de Valor	Eficacia
Saber Hacer	Cadena de Proceso y de Abastecimiento	Eficiencia
Saber Ser	Cadena de Responsabilidad Integral	Credibilidad

Ser Competente

Qué Se Requiere	Aptitud		Actitud
	Saber	Saber Hacer	Saber Ser
Qué Se debe Definir	Qué hacer Y Para qué	Cómo Hacerlo Y Para qué	Cómo comportarse y Por qué
Qué Se debe Administrar	Las Cadenas de Valor y de Procesos		Las Cadenas de Responsabilidad
Qué Se Logra	Satisfacer Plenamente sus Necesidades y expectativas	Precio adecuado por el satisfactor recibido	Credibilidad
Qué Significa	Ser Eficaz	Ser Eficiente	Ser Creíble
Qué perciben Los clientes	Qué están obteniendo un producto o servicios que satisface sus necesidades		Confianza
Qué Imagen Se proyecta Al mercado	La de Ser Competentes		Confianza Y Credibilidad
Qué Imagen Se proyecta A los grupos de interés	La de Ser Competentes		Confianza Y Credibilidad
Cuál es el significado final	Qué es un producto o Servicio de CALIDAD		

Resumiendo
Ser Competente significa:

1. Ser capaz de entender las necesidades y expectativas de los últimos consumidores o usuarios de un producto o servicio.

2. Ser capaz de comprender los paradigmas vigentes o de crearlos, esto es, cuestionar las creencias que someten nuestras capacidades de pensar y de innovar.

3. Ser capaz de enfocar toda la actividad para lograr la plena satisfacción de las necesidades que decidimos o nos comprometimos satisfacer.

4. Actuar siempre dentro de parámetros Éticos y Legales.

5. Tiene que haber Eficacia para que haya Eficiencia, una cadena de proceso será eficiente, en tanto que su resultado conecte con un eslabón que satisfaga con el estándar de eficacia que se requiere para lograr la plena satisfacción de una necesidad real.

6. Cuando un proceso no desemboque con eficacia en un eslabón de la cadena de valor, no puede ser eficiente, aún cuando se haya realizado con diligencia y utilizando la tecnología adecuada y minimizando el costo y el tiempo de ejecución, puesto que no está contribuyendo al para qué del resultado final de la cadena, pues la está rompiendo y convirtiendo en inútil o dañino su resultado final.

7. Nuestro existir sin reflexión, perpetúa nuestros paradigmas y nos convierte en fanáticos que no estamos dispuestos a oír ni ver otras posibilidades.

8. La efectividad estará en proporción directa a la esencia o substancia lograda para satisfacer necesidades especificas.

9. La eficiencia estará en proporción al aprovechamiento de los medios para lograr la efectividad, pero si la efectividad es "cero", no podrá haber eficiencia en el uso de los medios, pues será un desperdicio absoluto.

10. La credibilidad será el resultado de toda nuestra actuación.

2. QUIEN DEBE SER Y PERMANECER COMPETENTE

Quien debe ser y permanecer Competente

Ser y permanecer competente

Es la única forma de operar en el eterno presente

creando valor para la Sociedad a la que servimos y

de la que nos servimos, así como para nosotros

mismos, actuando siempre con

Eficacia, Eficiencia y Credibilidad.

Es aplicable a personas, familias, empresas,

instituciones y gobiernos.

¿Cuáles son las Preguntas fundamentales?

¿Para qué?   Se constituye y se preserva un ente
                 determinado.

¿Por qué?   Se considera que puede y podrá cumplir con
                 sus propósitos y asumir sus responsabilidades.

¿Cómo?   Se deberá organizar y operar para actuar
                 siempre con sentido humano y cumplir con su
                 responsabilidad integral.

¿ Quién debe Ser y Permanecer Competente ?

Las Personas	Las Entidades del Sector Privado	Las Entidades del Sector Público
Siendo Eficaces, Eficientes y Confiables	Siendo Eficaces, Eficientes y Confiables. Requieren de personas competentes en toda su cadena de responsabilidad, pues son las personas quienes deciden, planean, organizan y ejecutan.	

En todos los casos deben actuar con un alto sentido de responsabilidad, para lograr Eficacia, Eficiencia y Credibilidad en lo que cada uno está obligado o comprometido a realizar, de manera que la sociedad a la que sirven y de la que se sirven resulte beneficiada en calidad y nivel de vida, es decir que haya progreso humano, social y económico.

Qué responsabilidad tenemos cada uno como personas en los distintos roles en los que participamos.

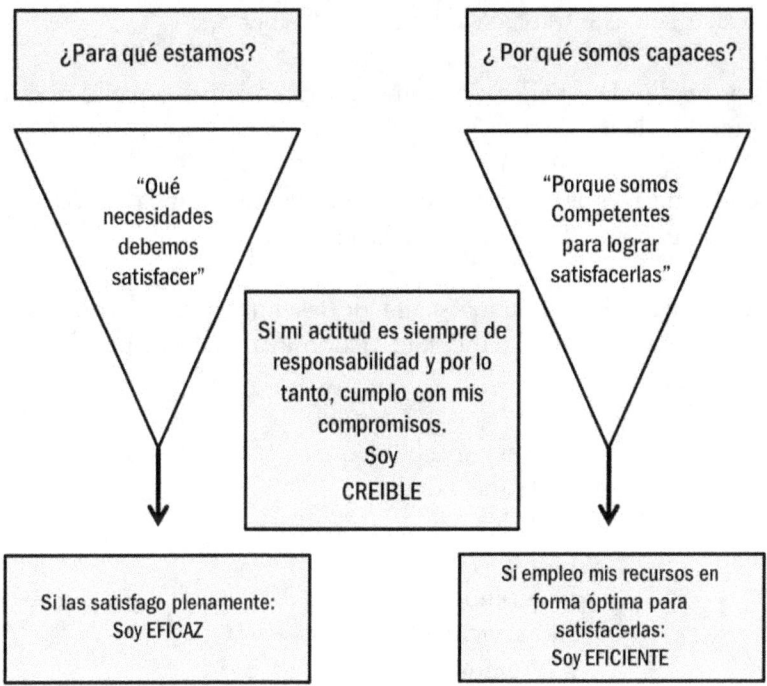

El ser humano es capaz de establecer propósitos y actualizarlos, ya que es capaz de visualizar sus ideas que dan origen al establecimiento de dichos propósitos.

El ser humano, a través de su conciencia, marca el rumbo que debe seguir, le da dirección a su devenir en su vida, da trascendencia a su esencia y convierte su existir en algo que él mismo define en uso de su libertad.

La Conciencia es el sentido moral interno de lo que es correcto o incorrecto; en este trabajo se denomina "Saber Ser".

Es por medio de la reflexión, como comprendemos aquello que se va integrando a la conciencia.

La conciencia es la fuerza que nos guía para crear la visión y para convertirla en realidad a través de la acción.

Tener conciencia es darse cuenta de las implicaciones de nuestros actos contenidos en el Saber Ser denominados Principios entre los que destacan:

> La Responsabilidad
> La Honestidad
> La Ética
> La Lealtad
> La Voluntad
> El Servicio a los demás
> El Agradecimiento
> La Puntualidad, etc.

La esencia de la persona es su espíritu, es su Saber Ser ya que es la sustentación de todo, son los cimientos que dan solidez a toda su actuación.

La educación es la base de la vida. La Instrucción la facilita.

Es muy importante que los niños comprendan lo que significa Ser Responsable, aunque no sepan los nombres de los ríos del mundo; es muy importante que comprendan por qué la Honradez es fundamental para su actuación, no mentir y no tomar lo ajeno, aunque no sepan los nombres de las capitales de los países del mundo.

Con un Saber Ser consciente, hay que instruirse siempre, hay que estudiar siempre, hay que ser mejor en su especialidad, cualquiera que ésta sea.

Se educa para Ser Competente, para comprender la importancia de Ser Eficaz en el cumplimiento de sus Responsabilidades; para con él mismo, con su familia, con su trabajo y con su entorno.

Ser competente debe ser la ruta a seguir para ser útil a la Sociedad a la que sirve, que incluye a la familia.

Cadena de Valor de las personas

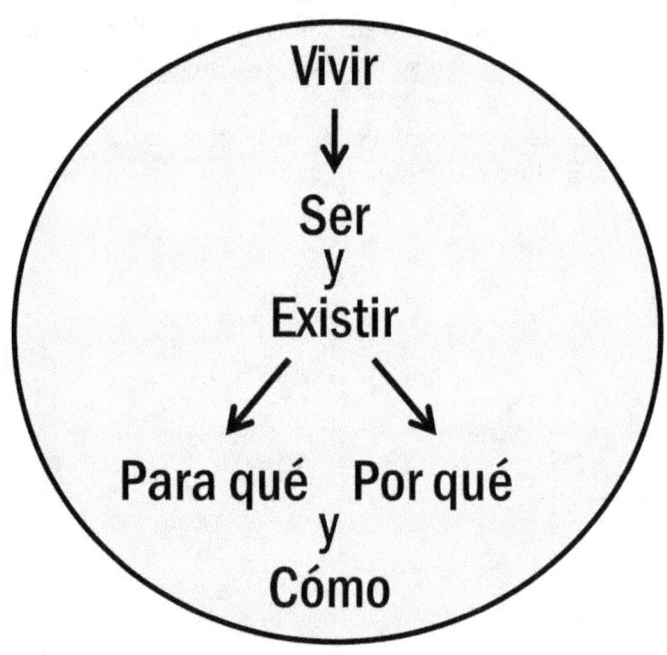

La conjunción de dos binomios:

Libertad/Responsabilidad y Voluntad/Reflexión

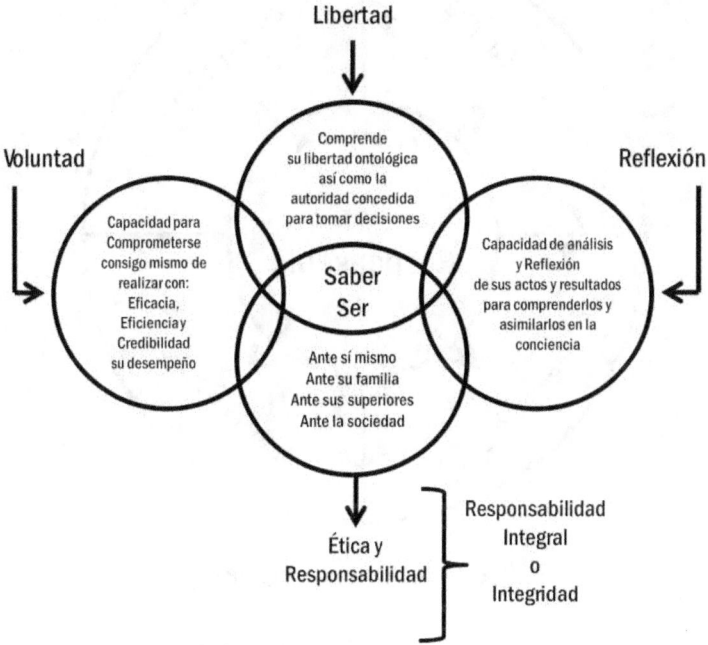

Libertad

Voluntad

Reflexión

Comprende
su libertad ontológica
así como la
autoridad concedida
para tomar decisiones

Capacidad para
Comprometerse
consigo mismo de
realizar con:
Eficacia,
Eficiencia y
Credibilidad
su desempeño

Saber
Ser

Capacidad de análisis
y Reflexión
de sus actos y resultados
para comprenderlos y
asimilarlos en la
conciencia

Ante sí mismo
Ante su familia
Ante sus superiores
Ante la sociedad

Ética y
Responsabilidad

Responsabilidad
Integral
o
Integridad

Los problemas deben ser resueltos por cada persona
en su ámbito de responsabilidad

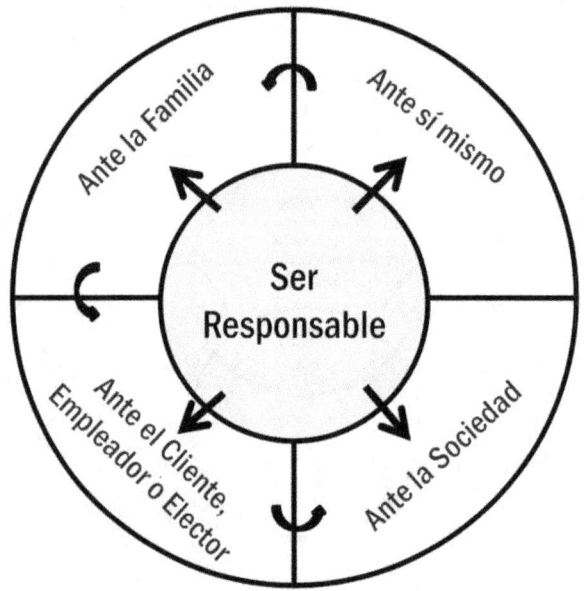

Dos condiciones principales:

1. Que la persona esté consciente de la tarea que debe realizar, ya
   sea por obligación o auto – impuesta.

2. Que sus deseos e intenciones, así como su capacidad para
   realizar la tarea, sean congruentes con el compromiso
   adquirido.

◐ Ser Competente

**Hacer lo que se requiere para satisfacer las necesidades reales
a que nos hemos comprometido**

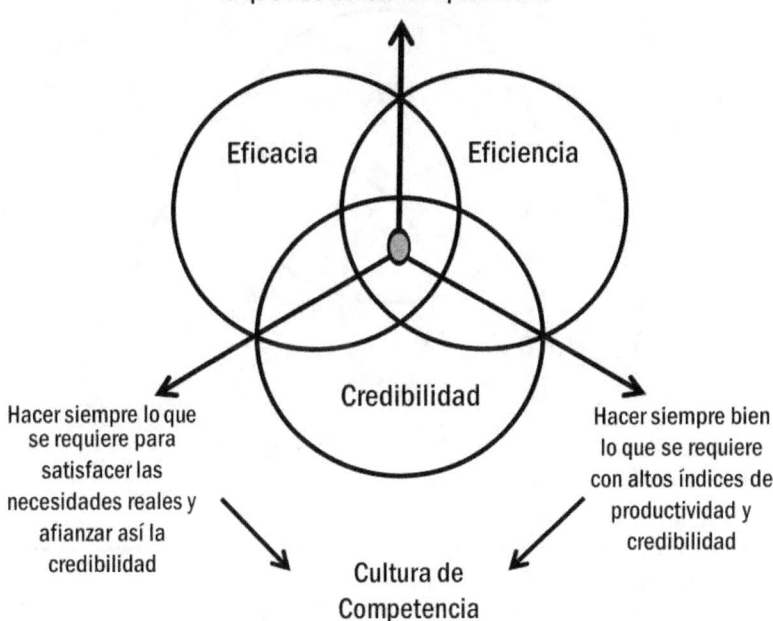

Eficacia

Eficiencia

Credibilidad

Hacer siempre lo que
se requiere para
satisfacer las
necesidades reales y
afianzar así la
credibilidad

Hacer siempre bien
lo que se requiere
con altos índices de
productividad y
credibilidad

Cultura de
Competencia

Nuestra VISIÓN personal comprende:

Ser competente para cumplir
con nuestras responsabilidades

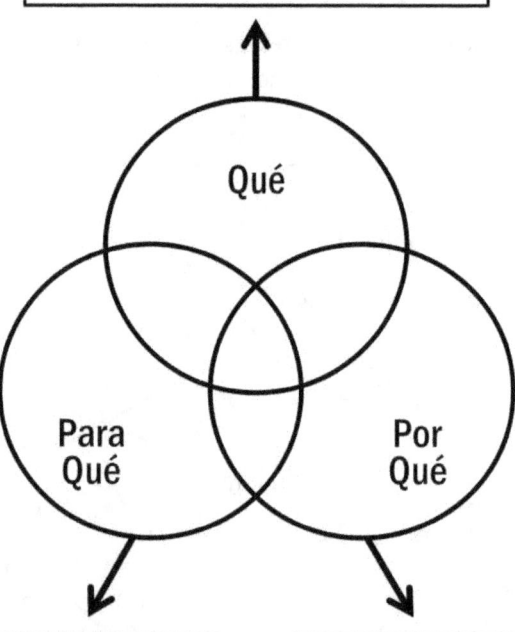

Qué

Para
Qué

Por
Qué

Para crear valor con nuestro
Hacer y así cumplir
cabalmente con todas las
responsabilidades que
tengo en las diferentes
roles en los que participo

Para Ser siempre
Eficaz, Eficiente y
Confiable en todo lo que
Hacemos

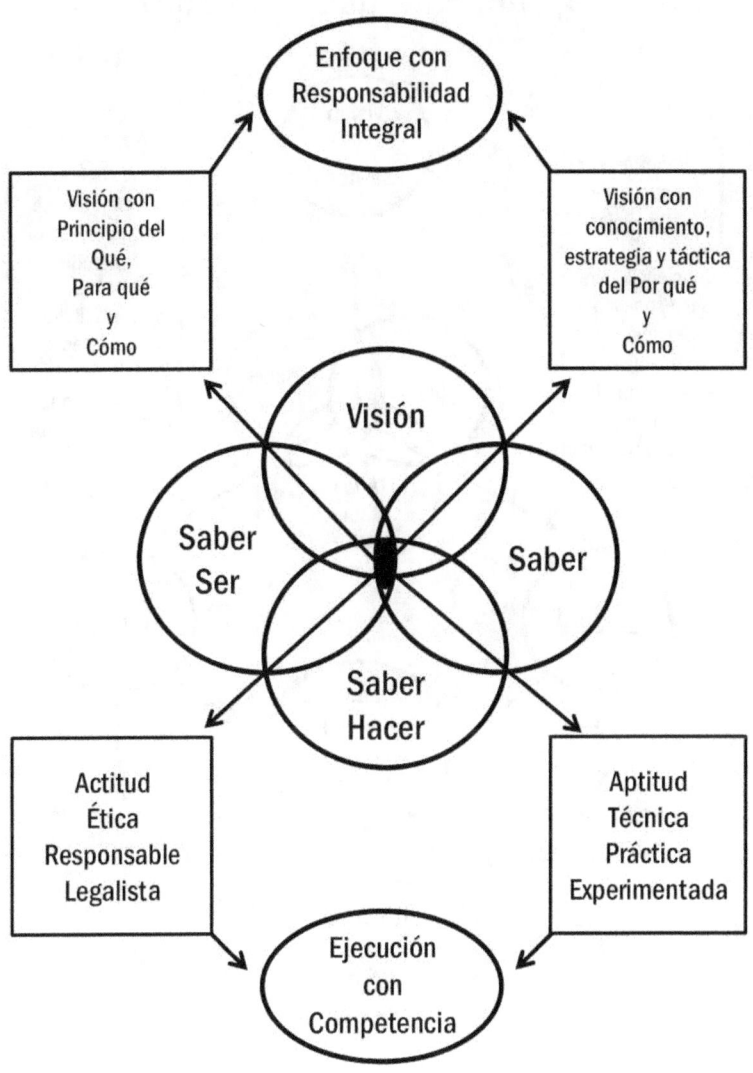

¿Qué, Para qué y Por qué?

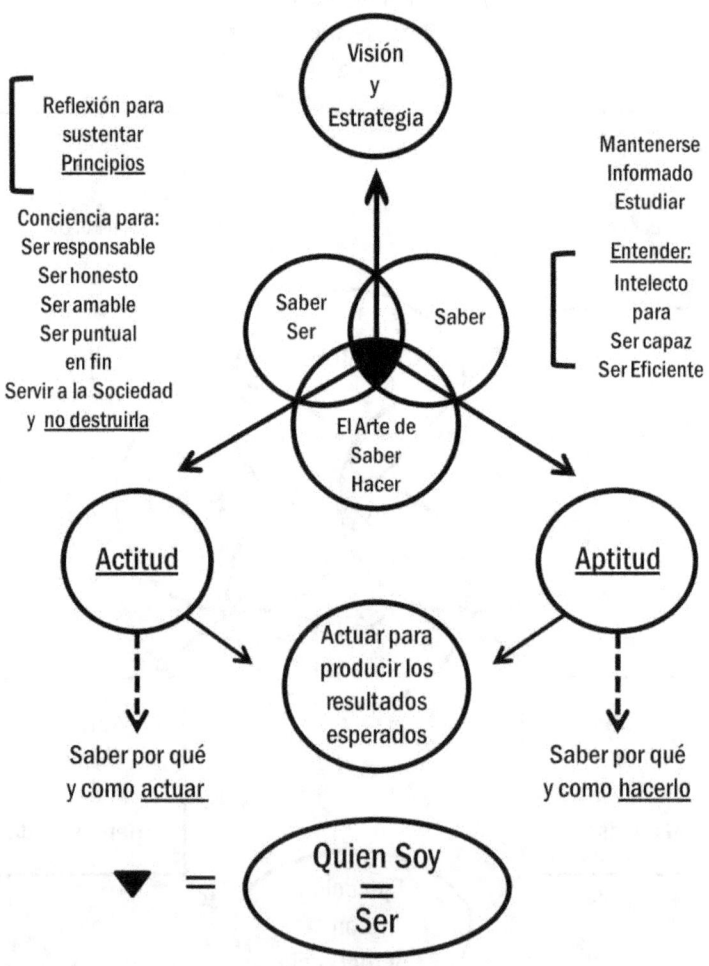

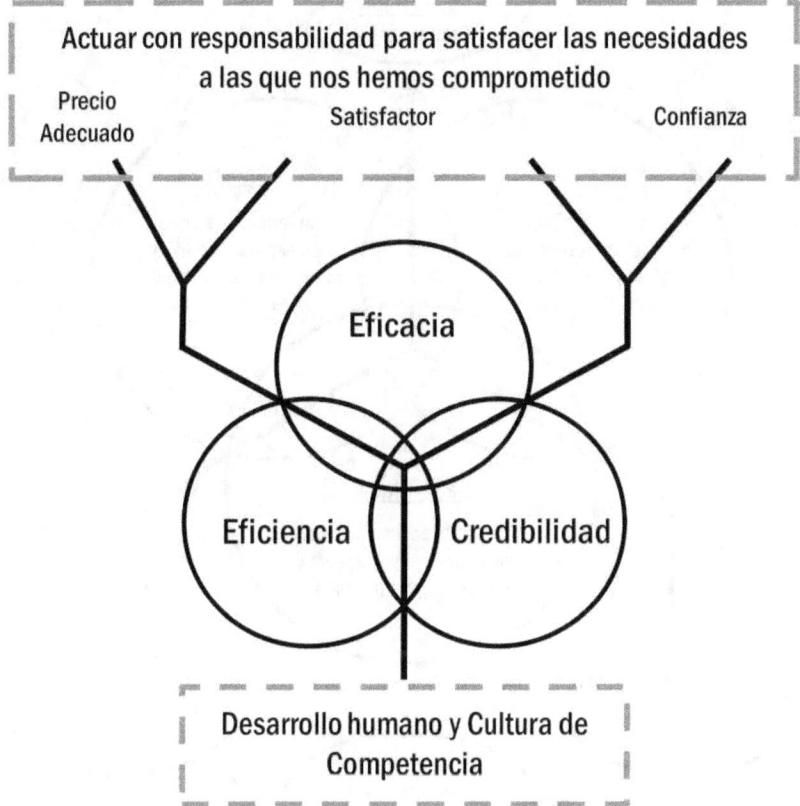

Actuar con responsabilidad para satisfacer las necesidades
a las que nos hemos comprometido

Precio
Adecuado

Satisfactor

Confianza

Eficacia

Eficiencia

Credibilidad

Desarrollo humano y Cultura de
Competencia

Los dos efectos más importantes que produce una entidad al
"Ser Competente"

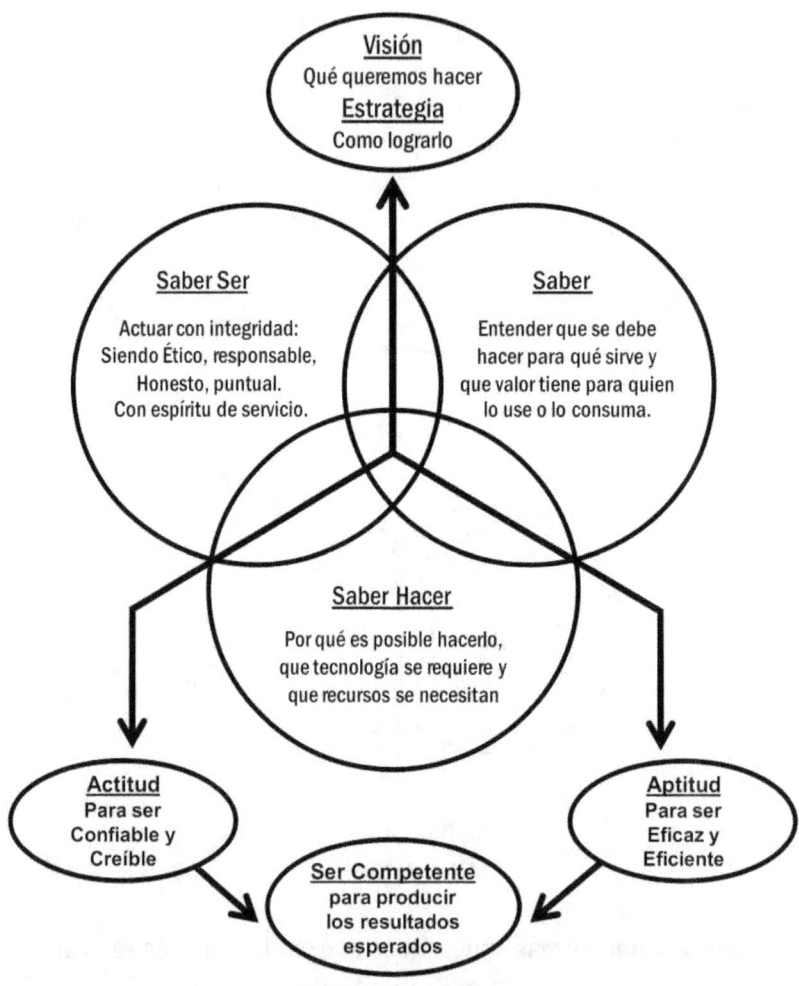

Visión
Qué queremos hacer
Estrategia
Como lograrlo

Saber Ser
Actuar con integridad:
Siendo Ético, responsable,
Honesto, puntual.
Con espíritu de servicio.

Saber
Entender que se debe
hacer para qué sirve y
que valor tiene para quien
lo use o lo consuma.

Saber Hacer
Por qué es posible hacerlo,
que tecnología se requiere y
que recursos se necesitan

Actitud
Para ser
Confiable y
Creíble

Aptitud
Para ser
Eficaz y
Eficiente

Ser Competente
para producir
los resultados
esperados

Una Persona con mucha instrucción (Saber) pero sin una base de educación
(Saber Ser) que lo sustente en su Hacer es como un edificio sin cimientos;
un peligro para la sociedad a quien va a dañar necesariamente.

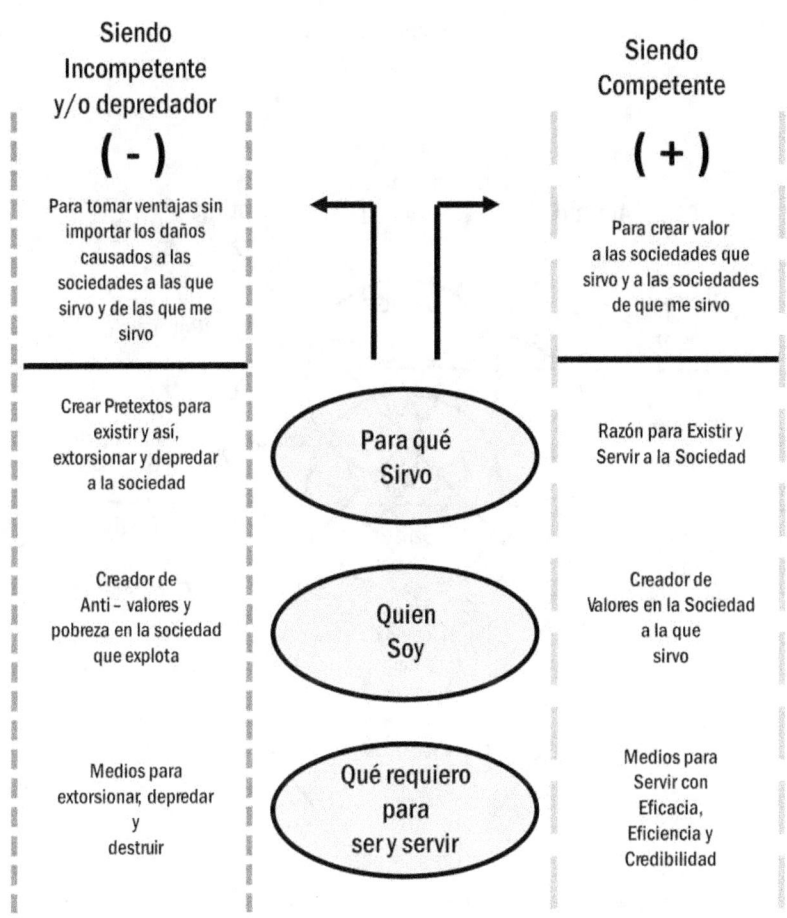

Siendo
Incompetente
y/o depredador

(-)

Para tomar ventajas sin
importar los daños
causados a las
sociedades a las que
sirvo y de las que me
sirvo

Siendo
Competente

(+)

Para crear valor
a las sociedades que
sirvo y a las sociedades
de que me sirvo

Crear Pretextos para
existir y así,
extorsionar y depredar
a la sociedad

Para qué
Sirvo

Razón para Existir y
Servir a la Sociedad

Creador de
Anti – valores y
pobreza en la sociedad
que explota

Quien
Soy

Creador de
Valores en la Sociedad
a la que
sirvo

Medios para
extorsionar, depredar
y
destruir

Qué requiero
para
ser y servir

Medios para
Servir con
Eficacia,
Eficiencia y
Credibilidad

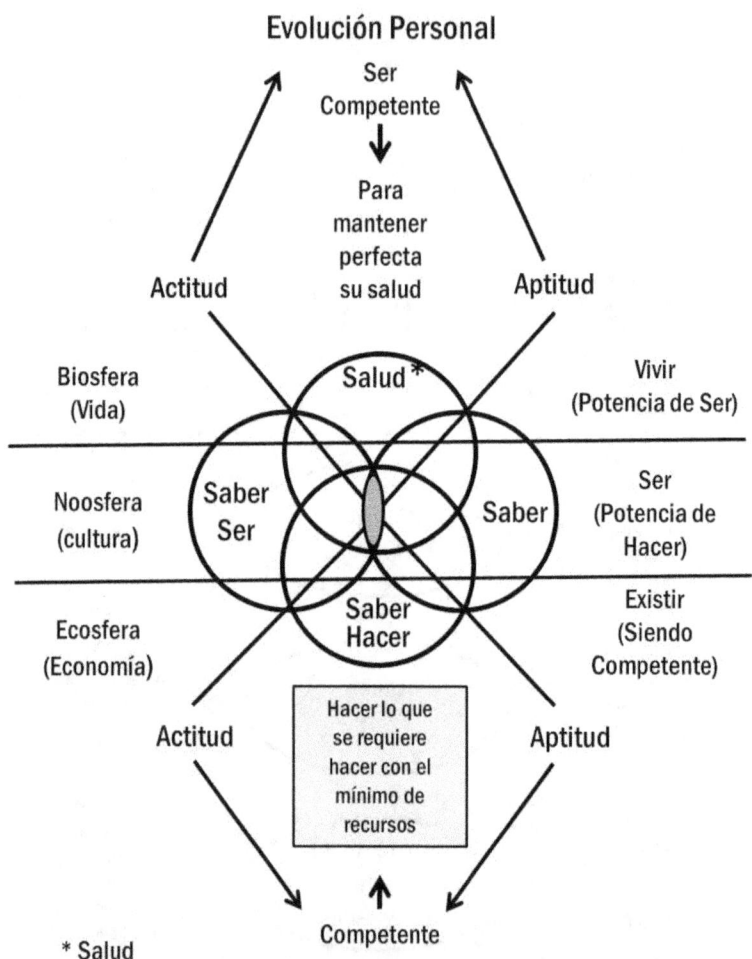

Evolución Personal

Ser
Competente
↓
Para
mantener
perfecta
su salud

Actitud   Aptitud

Biosfera   Salud *   Vivir
(Vida)   (Potencia de Ser)

Noosfera   Saber   Saber   Ser
(cultura)   Ser   (Potencia de
                                                      Hacer)

Ecosfera   Saber   Existir
(Economía)   Hacer   (Siendo
                                                      Competente)

Hacer lo que
se requiere
hacer con el
mínimo de
recursos

Actitud   Aptitud

Competente

* Salud
"Es el estado de bienestar, Físico, Psíquico y Social".

Organización Mundial de la Salud

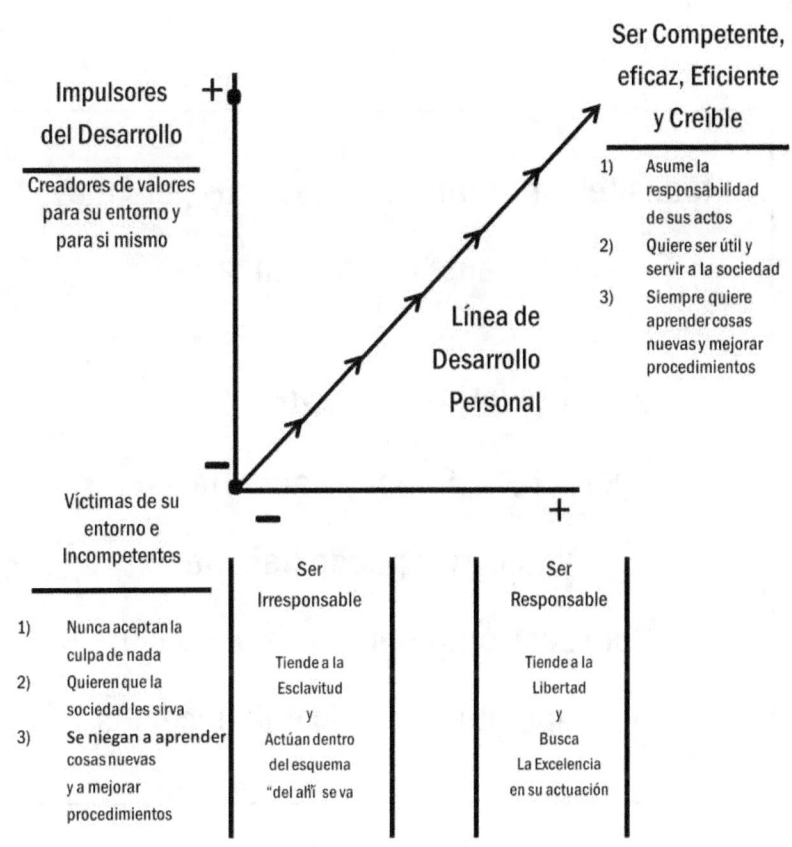

Impulsores del Desarrollo

Creadores de valores para su entorno y para si mismo

Ser Competente, eficaz, Eficiente y Creíble

1) Asume la responsabilidad de sus actos
2) Quiere ser útil y servir a la sociedad
3) Siempre quiere aprender cosas nuevas y mejorar procedimientos

Línea de Desarrollo Personal

Víctimas de su entorno e Incompetentes

1) Nunca aceptan la culpa de nada
2) Quieren que la sociedad les sirva
3) Se niegan a aprender cosas nuevas y a mejorar procedimientos

Ser Irresponsable

Tiende a la Esclavitud
y
Actúan dentro del esquema "del ahí se va

Ser Responsable

Tiende a la Libertad
y
Busca La Excelencia en su actuación

Nunca se es muy joven para empezar a Ser Mejor (competente)
Pero tampoco nunca se es muy viejo para lo mismo, Ser Mejor (competente)

Todos tenemos una empresa muy pero muy

importante que administrar:

"Nuestra vida"

Saber Ser, Saber y Saber Hacer

Nadie más puede hacerlo

Para ser Competentes y asumir con

responsabilidad todo lo que hacemos.

Que responsabilidad tienen los entes privados en los diferentes roles en los que participan

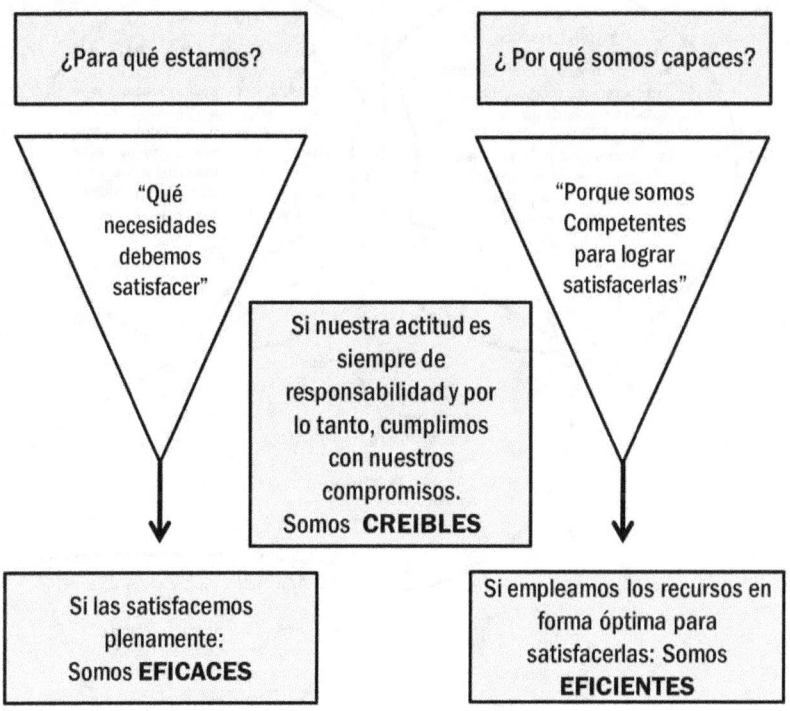

Las Empresas y las Instituciones y en general los entes privados se constituyen considerando:

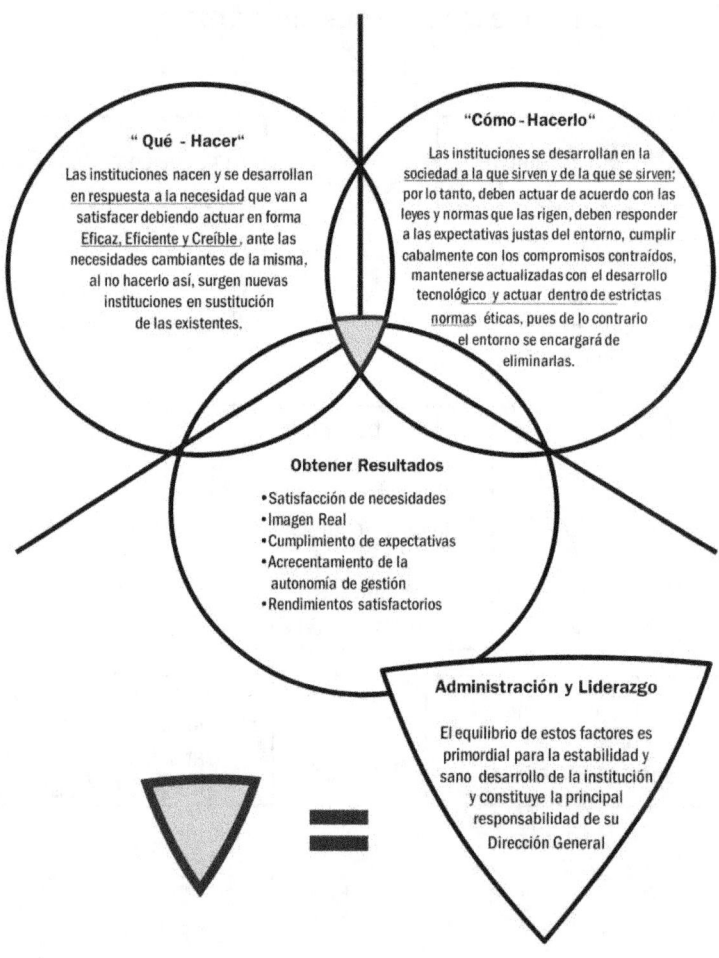

" Qué - Hacer"

Las instituciones nacen y se desarrollan en respuesta a la necesidad que van a satisfacer debiendo actuar en forma Eficaz, Eficiente y Creíble , ante las necesidades cambiantes de la misma, al no hacerlo así, surgen nuevas instituciones en sustitución de las existentes.

"Cómo - Hacerlo"

Las instituciones se desarrollan en la sociedad a la que sirven y de la que se sirven; por lo tanto, deben actuar de acuerdo con las leyes y normas que las rigen, deben responder a las expectativas justas del entorno, cumplir cabalmente con los compromisos contraídos, mantenerse actualizadas con el desarrollo tecnológico y actuar dentro de estrictas normas éticas, pues de lo contrario el entorno se encargará de eliminarlas.

Obtener Resultados

- Satisfacción de necesidades
- Imagen Real
- Cumplimiento de expectativas
- Acrecentamiento de la autonomía de gestión
- Rendimientos satisfactorios

Administración y Liderazgo

El equilibrio de estos factores es primordial para la estabilidad y sano desarrollo de la institución y constituye la principal responsabilidad de su Dirección General

Ser y Permanecer Competente

Operar con Eficacia, Eficiencia y Credibilidad

Hacer

Estar

Contar con el personal y los recursos necesarios para operar con Eficacia, Eficiencia, y Credibilidad

Permanecer

Mantener actualizados los Paradigmas para que, la Visión y la Estrategia sean las adecuadas

¿ PARA QUÉ Estamos?

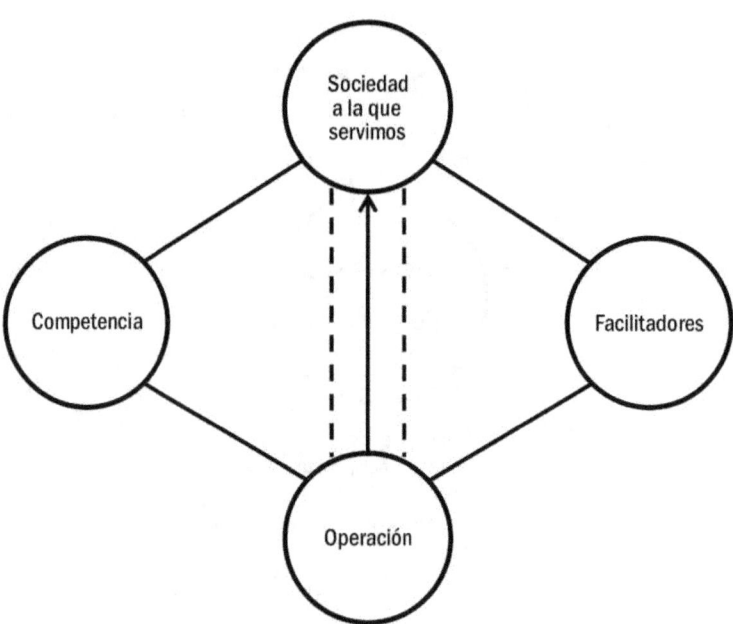

**Para satisfacer las necesidades
que nos comprometimos satisfacer**

¿ POR QUÉ Estamos?

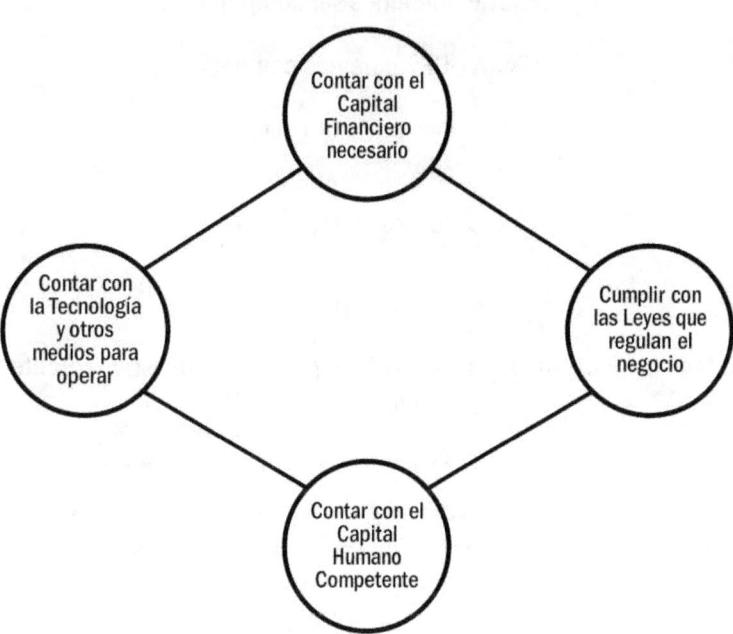

**Porque contamos con los
elementos necesarios**

¿POR QUÉ queremos ser competentes?

¿PARA QUÉ queremos competir?

1. Para que no nos eliminen
2. Para sobrevivir
3. Para Sobresalir

¿Cómo lograrlo?

"Asumiendo toda la responsabilidad para cuidar nuestro presente y crear nuestro futuro"

Esto lo hacemos a partir de nuestra percepción de lo que es el presente y de cómo visualizamos nuestras oportunidades y riesgos del mañana.

Qué responsabilidades tiene el Sector Público
en los diferentes roles en que participa.

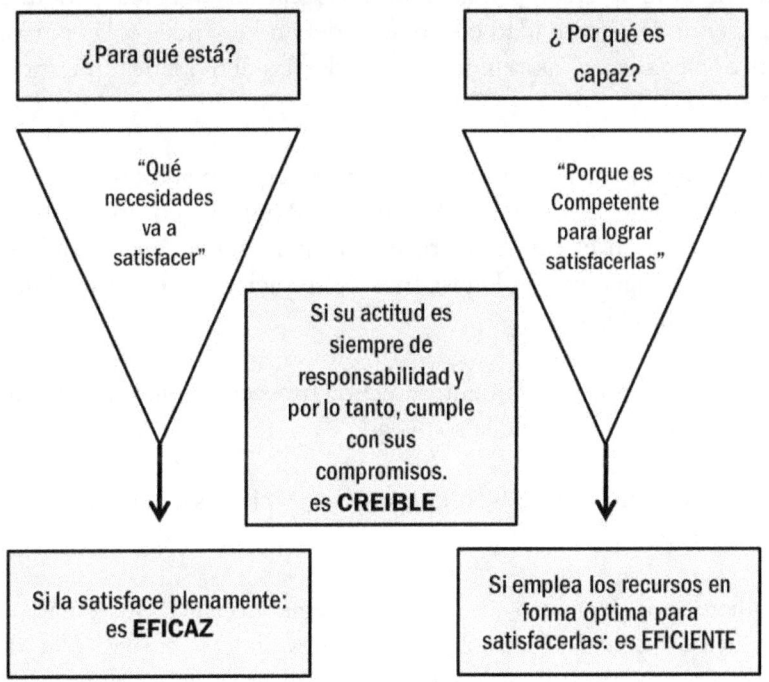

¿Para qué está?

¿ Por qué es capaz?

"Qué necesidades va a satisfacer"

"Porque es Competente para lograr satisfacerlas"

Si su actitud es siempre de responsabilidad y por lo tanto, cumple con sus compromisos. es **CREIBLE**

Si la satisface plenamente: es **EFICAZ**

Si emplea los recursos en forma óptima para satisfacerlas: es EFICIENTE

La esencia de la administración pública debe ser la de mantener competentes a todos y cada una de las entidades que integran al sector público, para servir siempre con Eficacia, Eficiencia y Credibilidad a la Sociedad a la que se deben Constitucionalmente y de la que obtienen los recursos para estar en condiciones de operar.

Dentro de la ortodoxia de la administración, es indispensable tener claridad de las estrategias que se requieren para cada uno de sus campos de actuación, concatenados con la gran estrategia de Na ción que dará el rumbo consistente, para evitar vacios existenciales reaccionando a efectos más que a las causas que los producen y reduciendo la Efectividad con que se deben beneficiar a las personas, a las Sociedades, a las regiones y a todas las actividades que integran la Nación.

Desde luego para lograrlo, se requiere integrar personas con calidad de competentes, por su Actitud y Aptitud, como se explica ampliamente en el capitulo precedente para actuar en los diferentes poderes; el Ejecutivo, el Legislativo y el Judicial, tanto a nivel Federal, Estatal y Municipal.

El desarrollo no es solamente crecimiento económico, pues implica un perfeccionamiento de la sociedad.

Sus implicaciones éticas son enormes y las cívicas también, así como las ecológicas.

Requiere por lo tanto de una estrategia holística sustentada por paradigmas actuales, no obsoletos, pues de no contar con dicha estrategia, serán simples manejadores de las crisis, que son en muchos casos efectos de causas no atendidas en su oportunidad.

Los campesinos sin recursos, emigran a las ciudades por falta de oportunidad de trabajar en lo que ellos conocen y los jóvenes preparados en alguna especialidad, emigran al extranjero, por la falta de oportunidad de trabajo en lo que ellos conocen.

Como propósito estratégico de gobierno se debería rescatar a ambos, para que generen riqueza en sus lugares de origen.

En las elecciones un puesto no se gana con canonjías, se gana la oportunidad de asumir la responsabilidad para cumplir con los propósitos que se deben alcanzar.

Para ello, se requiere contar con una estrategia sustentada en una visión de largo plazo, que oriente y precise prioridades de la sociedad, no del político que resultó agraciado, ni del partido que lo postuló, por ello se requiere de personas competentes que busquen eficacia, eficiencia y credibilidad, en su hacer con sentido de responsabilidad, lo cual implica que se deben comportar como verdaderos administradores que manejen los recursos para lograr cumplir con los propósitos particulares y generales que construyen un futuro, con avances en el bienestar de toda la comunidad.

Entre las tareas que los gobernantes o administradores públicos tienen que realizar, está la de conformar una visión de futuro, con una amplia participación democrática.

La Administración Pública existe
PARA SATISFACER LAS NECESIDADES DE LA SOCIEDAD *

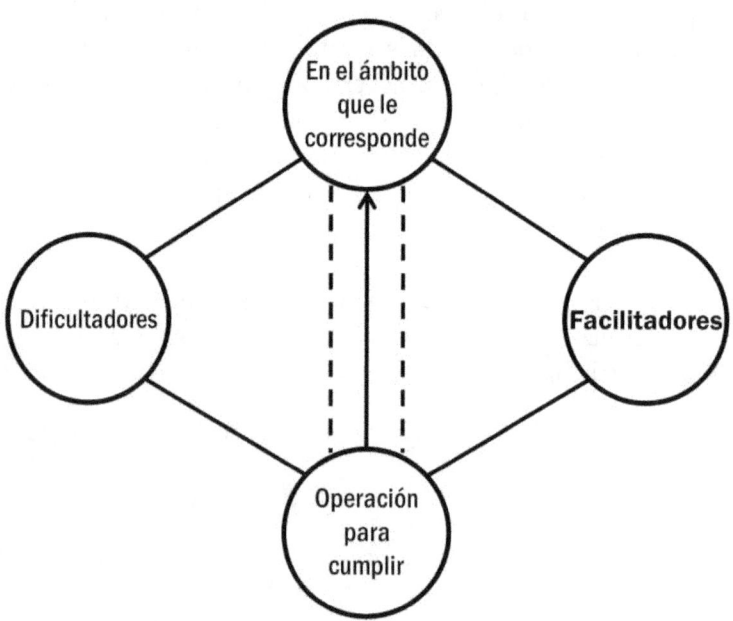

*Según su área de responsabilidad:
  Federal, Estatal o Municipal, o formando parte del poder Ejecutivo, Legislativo o Judicial.

Competencia del Sector Público *

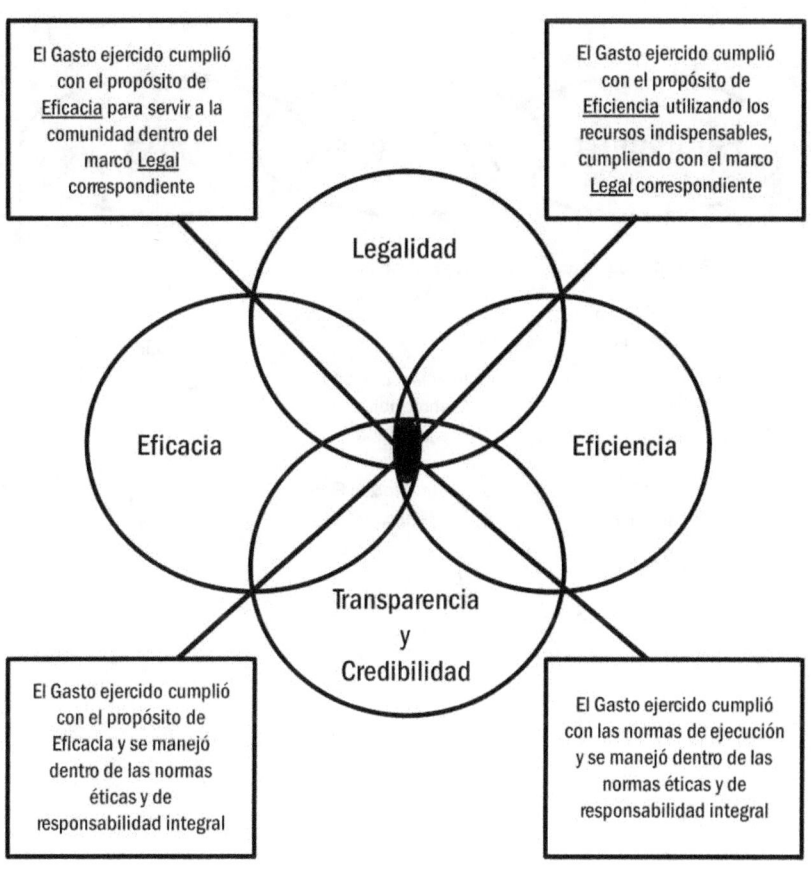

El Gasto ejercido cumplió con el propósito de Eficacia para servir a la comunidad dentro del marco Legal correspondiente

El Gasto ejercido cumplió con el propósito de Eficiencia utilizando los recursos indispensables, cumpliendo con el marco Legal correspondiente

Legalidad

Eficacia

Eficiencia

Transparencia y Credibilidad

El Gasto ejercido cumplió con el propósito de Eficacia y se manejó dentro de las normas éticas y de responsabilidad integral

El Gasto ejercido cumplió con las normas de ejecución y se manejó dentro de las normas éticas y de responsabilidad integral

* Ejecutivo, Legislativo y Judicial   Ya sea   * Federal, Estatal ó Municipal

Paradigmas · Principios · Leyes

Paradigmas	Principios	Leyes
Visión de qué hacer	Servir a la ciudadanía	Marco
Para qué y Por qué.	Reforzar la Democracia	de
		Actuación
Económicos	Mejorar la Moralidad y Responsabilidad	Obligatorio
Ecológicos	Ciudadana	
Humanistas	Los Medios no son Fines	
Políticos	nunca	
Ciudadanos	Normas Éticas y Morales Responsabilidad integral	

3. ADMINISTRAR PARA SER COMPETENTE

El hombre (genérico de la raza humana) es a la vez medio y fin. El hombre y la sociedad de que forma parte, constituye la dualidad de ser parte de la Sociedad de la que nos servimos y a la que servimos, a través de entidades organizadas tan pequeñas como un sólo individuo sirviendo y sirviéndose de la sociedad de la que forma parte, hasta un ente tan grande como un Gobierno Federal.

Las sociedades a su vez, se vuelven interdependientes unas de otras y así, en esa interdependencia necesaria y conveniente, el mundo se achica y de pronto nos encontramos en lo que ahora designamos como una economía global.

Es también un fenómeno universal, la democratización de las sociedades.

Cada vez son más los países, las empresas y las familias que reconocen que la forma más civilizada y eficaz, es la democracia.

Ya que la democracia en el mundo más pequeño y fundamental, que es la familia, significa que cada uno de sus miembros al participar en el manejo del hogar, agrega valores y experiencias individuales, que al incorporarse al resto, propician con la interdependencia de sus miembros que se dé valor a las decisiones resultantes.

En la familia, como en las empresas, las instituciones y las naciones, se crean valores y beneficios adicionales, se enriquecen las soluciones, se analizan mejor los problemas, al contemplarlos desde diferentes perspectivas generacionales de conocimiento y de experiencia.

Es ahí, en la democracia, que se da una gran riqueza, al producirse un proceso dialéctico en donde se enfrentan diferentes tesis, en donde se enfrentan conflictos, en donde al confrontar diferentes ideas, se producen otras, se dan otros razonamientos y se llega a conclusiones con compromiso de sus miembros para aplicarlas y seguirlas.

Cuando somos o nos sentimos dependientes, siempre buscamos quien nos va a resolver nuestra vida y quien es responsable de lo que nos sucede.

En la independencia, asumimos cada uno de nosotros o cada una de las sociedades en particular, que somos capaces de resolver lo que sea menester y que el único responsable de sus actos es cada quien.

Pero la democracia nos hace comprender que es la interdependencia la que nos da una mayor fortaleza para enfrentar nuestros problemas; es una actitud que requiere de madurez para usar la independencia que cada quien tiene, así como su libertad, para hacer alianzas que agreguen valor a las soluciones que se tienen que buscar para resolver los problemas que el entorno nos presenta.

Es en el manejo interdependiente, en donde haciendo uso de nuestra libertad personal y nuestra independencia, decidimos que en una alianza, podemos multiplicar los valores y los esfuerzos, para lograr una síntesis de gran riqueza.

Administrar significa tomar decisiones y cada decisión que se toma compromete.

Comprometerse significa responsabilizarse por los resultados, por lo tanto, responsabilidad y resultados van de la mano.

Al referirnos a los resultados, estos corresponden a lograr Eficacia, Eficiencia y Credibilidad y como consecuencia, Ser Competentes.

Por lo tanto, la esencia de la administración es mantener Competente a una entidad, para cumplir con su razón de ser.

Crear valor, para la Sociedad a la que se sirve,
así como para la Sociedad de la que se sirve y para sí mismo.

Es aplicable a personas, familias, empresas, instituciones y gobiernos, pero siempre serán las personas quienes se deben administrar para ser competentes en todo aquello que se comprometan realizar.

Tratándose de organizaciones complejas, como son las empresas, las instituciones y los gobiernos, debe existir una Cadena de Responsabilidad acorde con las decisiones a tomar, para que las Cadenas de Valor y las Cadenas de Procesos funcionen como está previsto.

Administrar significa Responsabilizarse Integralmente para lograr que las acciones y operaciones dirigidas a lograr un propósito determinado, sean Eficaces, Eficientes y Confiables.

Desde tiempos inmemoriales, la administración, aun sin tener nombre, ha sido utilizada por el hombre buscando ser competente.

La administración está presente en todos los procesos encaminados a satisfacer las necesidades humanas y las intermedias para contar a su vez con las materias primas, herramientas, equipos, tecnología, dinero, etc.

Toda actividad requiere de ella, de la Administración, pues es el medio que nos permite planear, optimizar y controlar los recursos, de protegerlos y utilizarlos adecuadamente, para el logro de un propósito determinado.

La administración como la medicina y muchas otras actividades, se fueron dando a través del tiempo, por la imaginación para satisfacer sus necesidades y así, nuestros muy remotos antepasados fueron avanzando en el conocimiento de la administración, de la medicina y de otras disciplinas, sin darse cuenta que algún día se convertirían en disciplinas regidas por principios científicos y morales.

Toda actividad económica existe, porque se requiere satisfacer en última instancia las necesidades y deseos de las personas.

Es en las sociedades maduras y éticas, ya sean éstas, empresas, instituciones o naciones donde recurriendo a esa alianza de interdependencia se crean nuevos "nosotros enriquecidos", manteniendo su independencia pero comprometidas a fines comunes y dispuestas no solo a sumar esfuerzos, sino a sintetizarlos.

Vale recordar al maestro José Vasconcelos, quien al referirse al concepto de síntesis nos dice: "Sintetizar es todavía más que sumar, porque la suma va agregando uno a otro los homogéneos y la síntesis es suma de homogéneos y de heterogéneos; visión de conjunto que no destruye la riqueza de la heterogeneidad, sino que la exalta y le da meta. El hecho mismo de la existencia, es una manera lograda de síntesis, un triunfo de síntesis, puesto que, sin perder unidad, el mundo se ensancha y se realiza en nuestra conciencia".

Y así la evolución constante del campo de la administración, se va enriqueciendo con nuevas y más perfeccionadas tecnologías; se va también enriqueciendo con nuevos y novedosos enfoques, lo que nos permite aprovechar mejor la función de administrar.

Siempre tenemos que administrar algo, que va de lo más simple a lo más complejo y trascendente, dentro de culturas más o menos estáticas hasta culturas con cambios muy dinámicos y profundos, como los que se provocan por la globalización de la economía. También por razones ecológicas, se producen cambios que afortunadamente las nuevas generaciones las están entendiendo y asimilando.

Se está conformando una ética que nos lleva a actuar con visión de larguísimo alcance, pues no sólo se trata de proteger el medio ambiente y los recursos naturales para nuestros nietos o bisnietos, sino para generaciones que van a vivir varios siglos adelante y que precisamente puedan vivir y progresar dentro de un sistema ecológico sano.

Afortunadamente comienza a sentirse el despertar de una conciencia que clama por una humanización.

Tenemos que humanizarnos más, respetar a nuestros semejantes, dar trato digno a todos los hombres y mujeres del planeta. Fortalecer los valores trascendentes de la humanidad, tomarlos en cuenta dentro de las organizaciones, en su calidad de seres pensantes y responsables y no sólo como operadores de tecnología.

Una buena administración, para que lo sea, debe ser humanista, lograrse un binomio entre la tecnología y el hombre, y no dejar que la tecnología aplaste al individuo.

La tecnología y los avances científicos en todas las ramas del conocimiento avanzan vertiginosamente, pero tengamos presente que todos esos avances deben ser en beneficio del hombre.

Hay que humanizar más la administración, desarrollar y formar más integralmente a los hombres que realizan todos los procesos para producir bienes y servicios, reforzar los valores humanos y éticos, pues a veces se notan signos preocupantes en el sentido de que aceptamos el deterioro de los valores, como lo hicimos por siglos con la ecología.

La economía estudia todos los procesos productivos y distributivos de los bienes y servicios que dan satisfacción a las necesidades de la humanidad; estudia sus causas y sus efectos, desarrolla pronósticos y señala caminos, pero es la administración la que hace posible que se den esos procesos y que tiendan a ser más eficaces los satisfactores y más eficientes los procesos, dentro de ámbitos de confianza y credibilidad.

Es a través de la administración que se coordina y controla toda la actividad económica, desde el individuo en lo particular hasta la comunidad que constituye una nación y las naciones que constituyen la aldea global. Es a través de la administración que se organizan y coordinan las actividades y se aplican las tecnologías, y es también a través de la administración que se amalgama la ciencia y el humanismo. Cuando se separan la tecnología y el humanismo en su aplicación cotidiana, es porque la administración está mal encausada, a veces tan mal, que pareciera ser una anti-administración y esto sucede tanto en los ámbitos privados como públicos. En cuestiones tan rutinarias como conducir un automóvil, lo que estamos haciendo es administrar un viaje; implica el uso de recursos tangibles e intangibles de control emocional, de civilidad, de conocimientos técnicos y de uso de información de los instrumentos de las señales visibles, de las reglas de tránsito y también de las reglas de cortesía.

Todos los entes productores de bienes y servicios, sean éstos privados, públicos, de beneficencia, educativos, etc., tienen que ser administrados para ser Eficaces, Eficientes y Creíbles. La Administración siempre busca un futuro mejor, con un presente eficaz, eficiente y confiable, que no destruya, que construya, que optimice siempre el uso de los recursos para su máximo aprovechamiento en los fines que se persigan.

Administrar información, tiempo, tecnología, esfuerzo y talento humano. Administrar para que toda actividad cumpla con el propósito para el cuál fue diseñada. Apuntemos hacia el futuro, no trabajemos para el ayer; cuando investigamos la historia, cuando escudriñamos el pasado, es con el propósito de diseñar un futuro y administrar el esfuerzo para vivir en él.

La Administración enfrenta constantemente lo que es, para darle una trascendencia que vaya más allá de su circunstancia.

La progresión dialéctica, la oposición del ser, con lo que debe ser; de la realidad y del ideal; de la existencia y de la esencia, manejados como un proceso razonado y reflexivo, que permita manejar un proceso dialéctico, de tesis, de antítesis y síntesis, es la naturaleza misma de la administración.

Lo que cuenta no es un simple existir, sino elegir la esencia que conviene y hacerla posible.

Es la dialéctica de la esencia y la existencia, la fundamentación de la administración.

Administrar es tan amplio y profundo o tan restringido y superficial, como se quiera hacer, en función del sentido de responsabilidad y la ética de quienes administran.

Una persona responsable manejará sus recursos de manera que se transformen en bienes y servicios, tanto para consumo interno dentro de la entidad, como externo por la familia, los clientes o la sociedad.

A veces vemos con tristeza, a individuos con autoridad formal que no manejan responsabilidad alguna, creyendo que no deben dar cuenta a nadie de sus decisiones, ni siquiera a ellos mismos, ni a su conciencia.

Existen muchas definiciones de lo que es Administración, pero para fines de este trabajo, he desarrollado mi propia definición.

"La Administración debe ser un Sistema de Creación de Valor para el ente administrado y para las sociedades a las que dicho ente sirve y de las que se sirve; permaneciendo siempre competente".

La tarea de un Administrador, es mantener un presente sólido en la dirección marcada por la visión y la estrategia, al mismo tiempo que va creando un futuro contenido por paradigmas vigentes, consciente siempre que su producto principal es la Confianza y resulta de Ser Eficaz y Eficiente.

Ser y permanecer competente como propósito de la Administración comprende:

1. Visión y Futuro
La reflexión nos permite romper paradigmas obsoletos, definiendo la esencia del hacer: el qué y para qué.

2. Análisis lógico y Estratégico
La Lógica nos permite lograr un análisis profundo para ubicarnos en un contexto Filosófico – Científico para determinar el por qué es posible lograrlo.

3. Forma, orden, organización y procedimientos.
La Técnica y la táctica, nos facilitan la realización ordenada del proceso para lograr el qué y optimizar el uso de los recursos necesarios para lograrlo.

4. Operación sustentada en principios morales, Conocimientos y Responsabilidad integral (Humana, Económica y Ecológica.
Asegura un hacer correcto y confiable en el entorno presente, con proyección positiva para el futuro.

5. Orden en la ejecucución desde la visión hasta el procedimiento, los tiempos y los responsables quedan contenidos en la planeación programación y presupuestos.

6. Información para conocer las desviaciones para reencausarla en el ejercicio del control.

7. Control para hacer uso de la autoridad y capacidad de decisión, para mantener los resultados en los niveles previstos y retro alimentar lo pertinente para hacer ajustes a la planeación y a veces a la estrategia.

Algunas Reflexiones:

1. La Administración, es un sistema (1) mediante el cual, el ente administrado logra y man tiene credibilidad y resultados eficaces y eficientes en un ambiente de alto contenido humano, ecológico y económico.

2. La Administración, es una ocupación de trascendencia, pues se responsabiliza quien la ejerce de lograr que el ente que administra alcance su máxima perfección por cuanto a: **Credibilidad**, **Eficacia** y **Eficiencia**.

3. La Administración por sis tema significa lograr que la visión y la estrategia del ente, se convierta en realidad para beneficio del mercado que atiende y de sus grupos de interés (Inversionistas, personal, proveedores, gobiernos que lo regulan, consumidores finales).

4. La Administración consiste en mantener competente a una entidad, para cumplir con su razón de ser.

5. La esencia de la administración consiste en mantener competente aquello que se administra y en definir que nivel de competencia se requiere, en función de con quienes se va a competir o a quienes se pretende superar.

6. La Administración es un proceso continuo que cesa cuando el ente administrado desaparece, pero la anti - administración puede también ser la causa que provoque la desaparición del ente.

7. La Administración nace a partir de la gestación del ente, no del nacimiento del ente.

¿Cómo Ser y Permanecer Competentes?

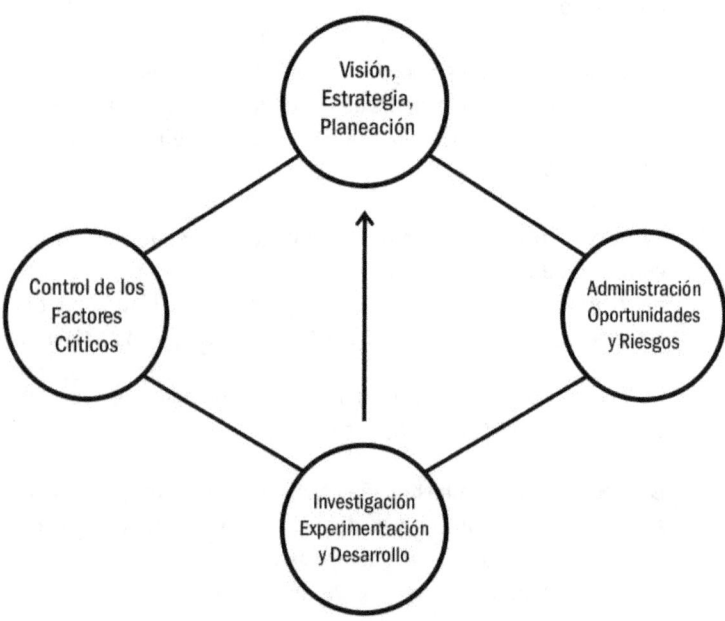

Define fundamentalmente:

• Paradigmas Vigentes.

• Necesidades y Expectativas de la Sociedad y de los Grupos de Interés.

Investigación, experimentación y Desarrollo

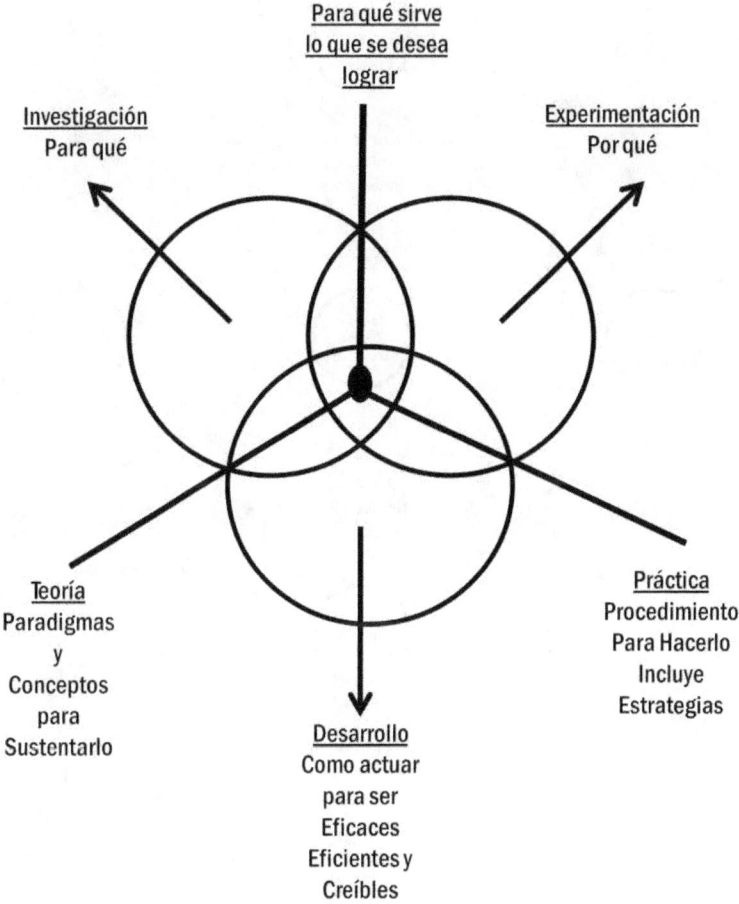

Para qué sirve
lo que se desea
lograr

Investigación
Para qué

Experimentación
Por qué

Teoría
Paradigmas
y
Conceptos
para
Sustentarlo

Práctica
Procedimiento
Para Hacerlo
Incluye
Estrategias

Desarrollo
Como actuar
para ser
Eficaces
Eficientes y
Creíbles

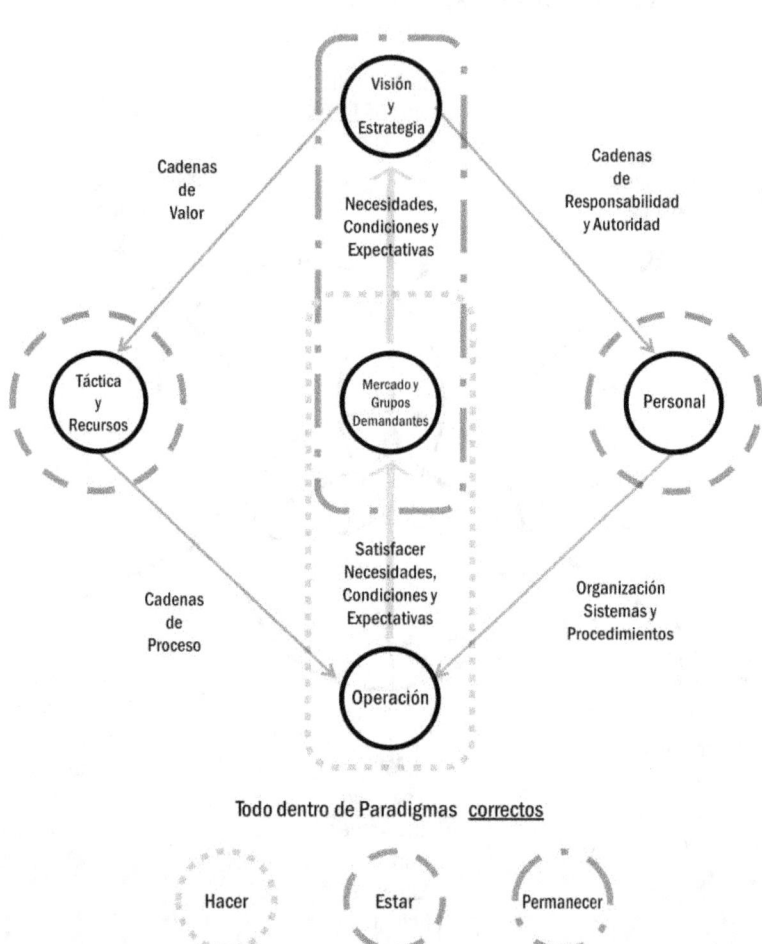

La administración integra el Hacer, Estar y Permanecer a través de las cadenas de Responsabilidad

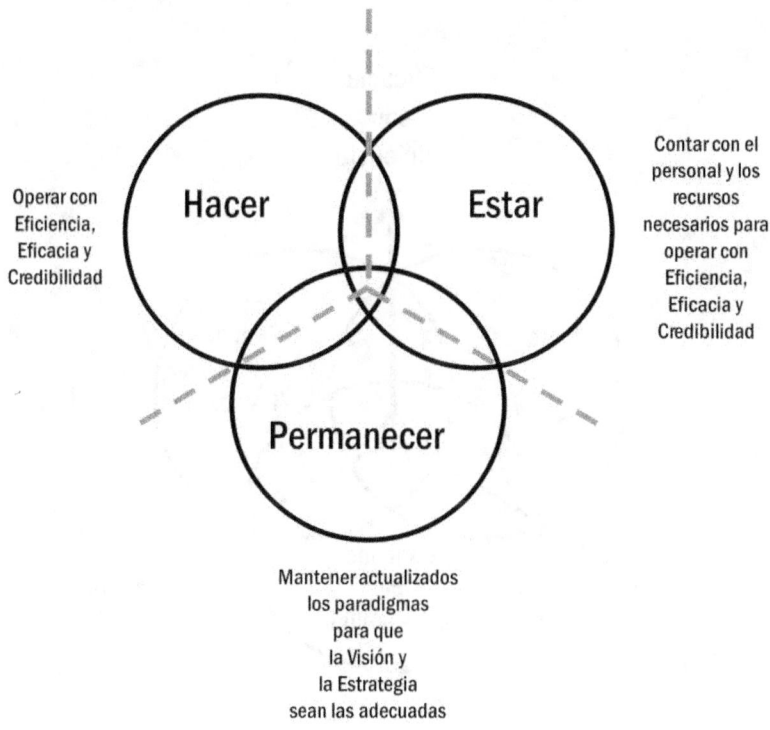

Operar con Eficiencia, Eficacia y Credibilidad

Contar con el personal y los recursos necesarios para operar con Eficiencia, Eficacia y Credibilidad

Mantener actualizados los paradigmas para que la Visión y la Estrategia sean las adecuadas

Administrar para ser COMPETENTE

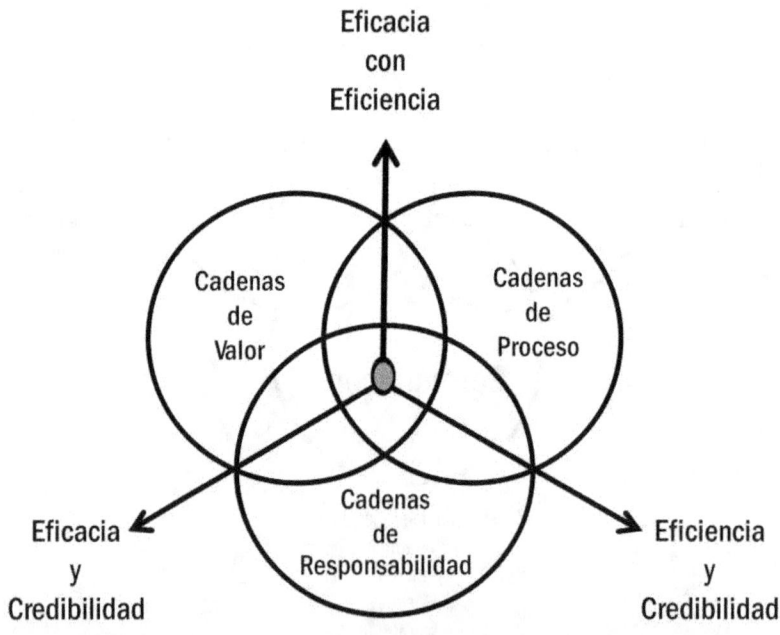

Cadena de Valor de la Administración

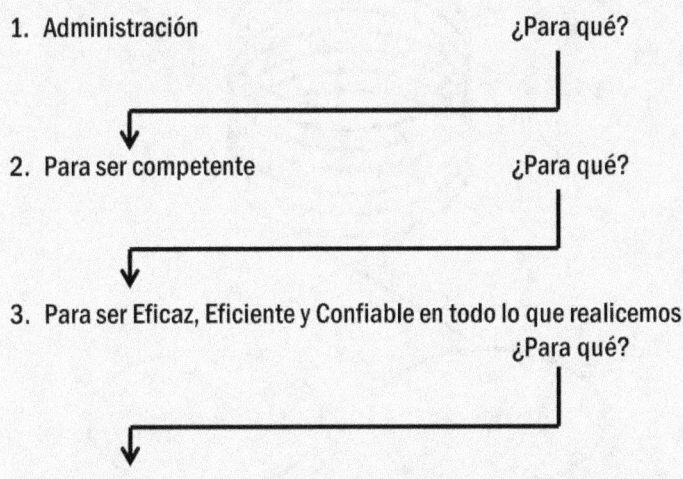

1. Administración   ¿Para qué?

2. Para ser competente   ¿Para qué?

3. Para ser Eficaz, Eficiente y Confiable en todo lo que realicemos

                                       ¿Para qué?

4. Para satisfacer plenamente a la sociedad a la que servimos ya sea a nivel personal, profesional, empresarial o gubernamental

   Y así cumplir con nuestra responsabilidad.

Hay que administrar para avanzar hacia una Modernidad con Humanismo, no solamente con avance tecnológico

Co -evolución / Co -desarrollo

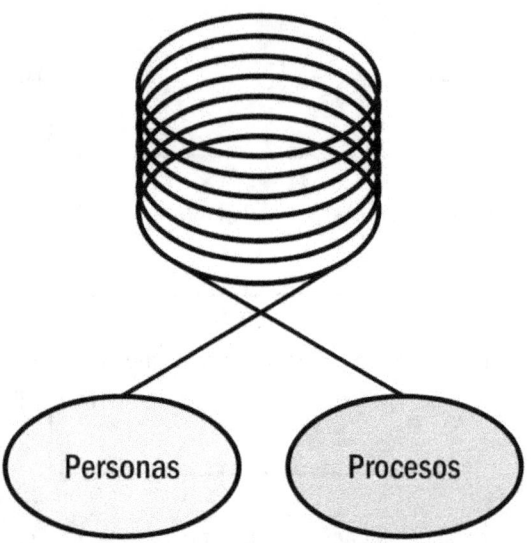

Se Sustenta en:

1. La Filosofía reflexiona respecto al hombre, su esencia y sus Valores	1. La Ciencia estudia los elementos donde vive el hombre y como utilizarlos.
2. Su resultado se llama Humanismo	2. Su resultado se llama Tecnología
=	=
3. SABER SER	3. SABER

4. PARADIGMAS, VISIÓN, ESTRATEGIA Y LIDERAZGO

Paradigmas

Solamente percibimos la información que nuestras creencias permiten. Ortega y Gasset dice: "Tenemos ideas pero las creencias nos tienen", y yo agrego que las ideas que tenemos son las que nuestras creencias nos permiten.

Lo que cambia con los paradigmas es la interpretación de los hechos; por esa razón, las acciones a seguir son diferentes.

Los paradigmas pueden frenar o acelerar el progreso, depende de visualizar lo que debe ser contra lo que no es.

La cultura está sustentada en paradigmas que crean hábitos de pensamiento y actitud.

Las creencias y actitudes se condicionan recíprocamente; los cambios de actitudes tienden a causar cambios de creencias y viceversa.

Toda actitud implica ciertas creencias, pero les añade una dimensión afectivo – valorativa (intenciones).

Un cambio de paradigmas provoca transformaciones importantes en la visualización de los problemas y sus causas y por lo tanto de las soluciones que se requieren.

Algunas veces se requiere de una crisis para decidir adoptar nuevos paradigmas, que ahí están presentes, pero no se querían comprender.

Debemos tener presente que un paradigma correcto, nos lleva al éxito, pero uno no vigente nos destruye.

Resistirse al cambio que produce la actualización de paradigmas aísla a la persona y/o a la sociedad y puede destruirla.

Algunas veces ciertos grupos de interés se oponen a la aceptación de un nuevo paradigma, no porque no lo entienden sino porque su otro paradigma de amplia laxitud moral no los deja, sin importarles el daño que se puede causar a terceros; baste un ejemplo: mantener los medios como fines y dejar en el olvido los verdaderos fines.

Hay que cuestionar nuestros paradigmas y reforzar nuestros principios, para definir nuestra visión y desarrollar nuestra estrategia para actuar en la dirección correcta.

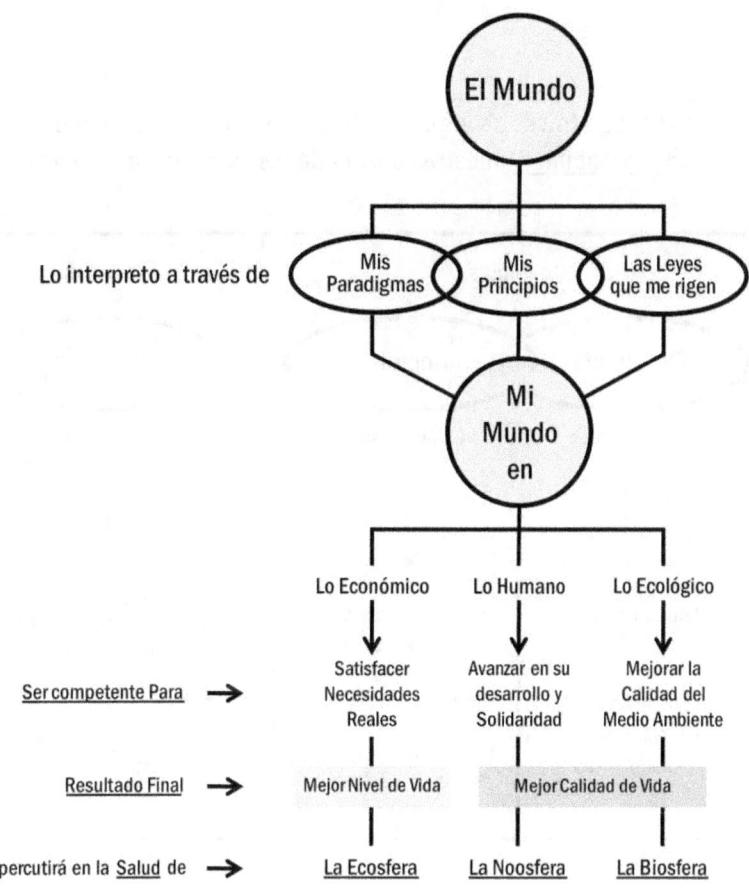

Los filtros a través de los cuales interpretamos el mundo que nos rodea y <u>Percibimos</u> nuestras posibilidades, oportunidades y riesgos

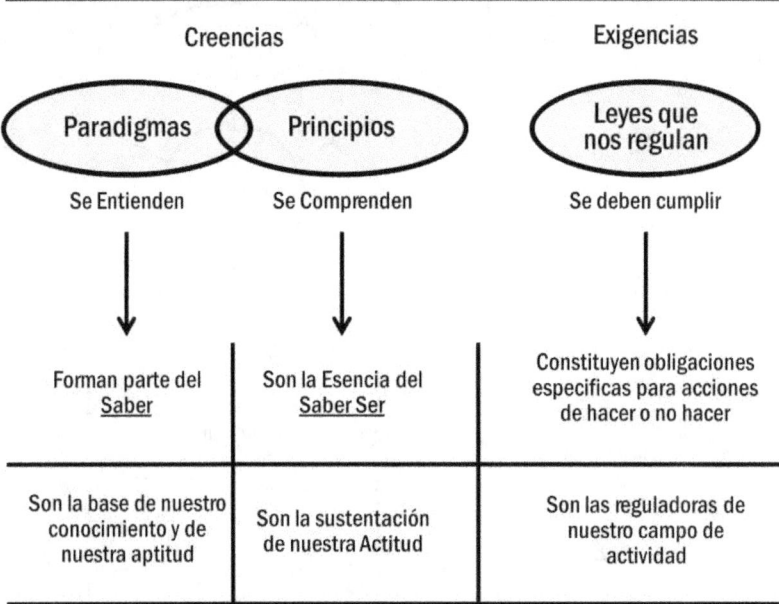

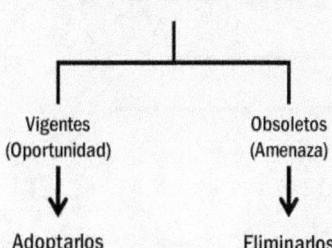

PARADIGMAS

(Modelos o esquemas mentales que sirven de norma para enmarcar nuestra manera de pensar y actuar)

Vigentes (Oportunidad)	Obsoletos (Amenaza)
Adoptarlos	Eliminarlos

Este cambio paradigmático nos modifica nuestra visión y nos actualiza nuestra visión y nuestra **Estrategia**

La Estrategia es un proceso dialéctico continuo de adaptación a paradigmas vigentes y de ajuste a las necesidades y expectativas del mercado y de los grupos de interés, para precisar los para qués, los porqués y los cómos fundamentales de nuestro Hacer

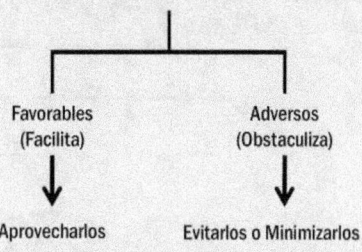

CIRCUNSTANCIAS

(Factores accidentales que pueden influir en el curso o en la sustancia de algo)

Favorables (Facilita)	Adversos (Obstaculiza)
Aprovecharlos	Evitarlos o Minimizarlos

Este ajuste "Transitorio" a nuestro curso de acción se logra por decisiones **Tácticas**

La Táctica es una facilitadora de la Operación, para cumplir con la Estrategia.

La Tácticas se van actualizando para facilitar la operación en función de circunstancias transitorias.

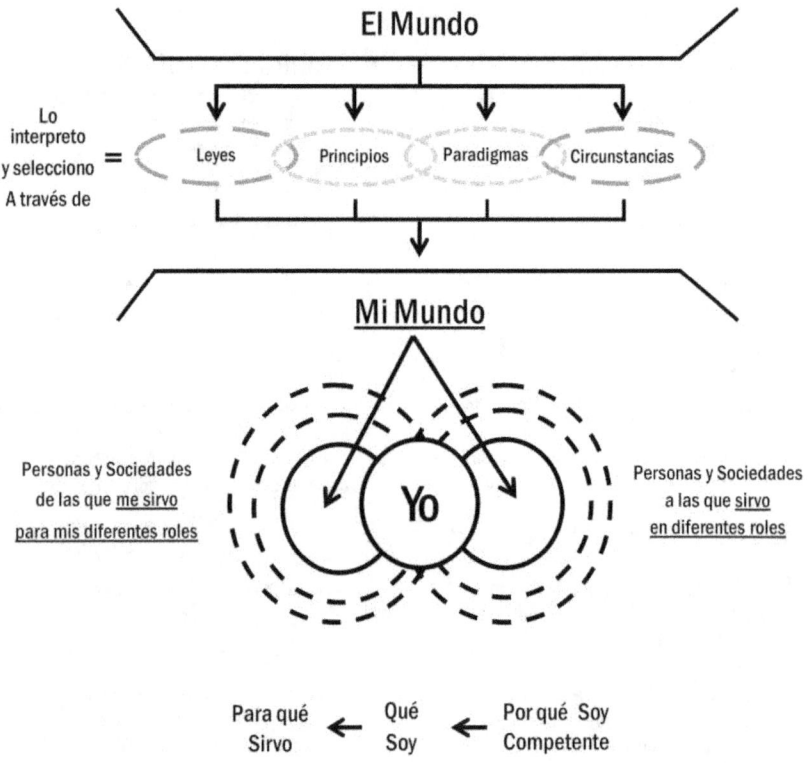

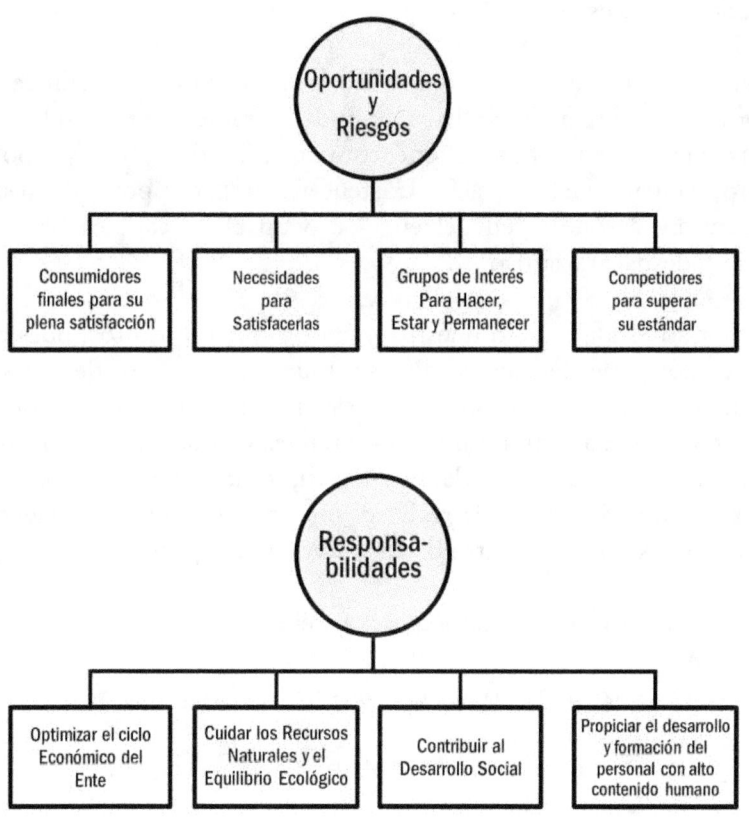

Visión

La Visión constituye el gran paradigma que conforma las ideas, las decisiones y las acciones de una persona, de una empresa, de una institución, de un órgano de gobierno ya sea Federal, Estatal, Municipal, Legislativo o Judicial.

Una persona o una entidad que no tenga claramente definida una visión que le indique hacia dónde dirigirse, no tendrá por consiguiente una estrategia que enmarque todo su hacer y por lo tanto, actuará en un vacío existencial atrapado por las mismas circunstancias que lo envuelven y se ocupará de capotearlas en un hacer y deshacer azaroso.

El mundo está ahí, pero nuestro mundo está en nosotros, pues es la percepción que tengamos de ese mundo, a través de nuestros Paradigmas y Principios y es en ese mundo, nuestro mundo, en donde vamos a actuar, de ahí la importancia de que nuestras creencias sean las correctas, pues de no ser así, todo lo que decidamos y hagamos estará fuera de la realidad, pues nos estaremos dirigiendo a donde no es, ya que nuestro diagnóstico estará equivocado.

Las preguntas fundamentales que nos debemos hacer son:

¿Qué le da valor a lo que estamos haciendo?

¿Qué le quita valor a lo que estamos haciendo?

¿Qué valor le estamos dando o quitando al desarrollo humano, económico y ecológico a las sociedades a las que servimos y de las que nos servimos?

Las respuestas a estas tres preguntas nos darán una primera aproximación para entender cuáles son los paradigmas y principios que nos tienen atrapados.

Circunstancia es todo aquello que nos rodea, que nos obliga, que nos ofrece oportunidades, que nos plantea amenazas, que nos estimula.

Corresponden también a esa circunstancia, nuestras creencias, nuestros paradigmas, nuestros conocimientos y también nuestros no-conocimientos.

El hombre requiere dar sentido a su vida. No vivir sin saber para qué. Eso mismo ocurre a las empresas, las instituciones, los grupos sociales, los gobiernos que requieren también dar sentido a su vida, no sólo existir y actuar sin saber para qué y por qué.

Innovar es evolucionar, es anticiparse al cambio y es diferente a reaccionar al cambio.

Innovar es cambiar de paradigmas y puede ser tan profundo como el reinventarse desde su esencia.

Siempre que se toma una decisión, se construye un futuro o se deja al azar; nos manejamos con objetivos pre-definidos o lo dejamos al "ahí se va", como escribe Lewis Carroll en *Alicia en el país de las maravillas*: "Si no sabes a dónde vas, cualquier camino te lleva ahí".

El primer control y quizá el fundamental, consiste en darle seguimiento a la validez de los paradigmas y a enfocar con más precisión la visión de futuro, para asegurarnos que toda nuestra actividad va por el camino correcto o para hacer los ajustes que sean necesarios.

Hay que tener presente que todo lo que hacemos está contenido dentro del marco de nuestros paradigmas o creencias y si habremos de cambiarlos, el trabajo del líder será lograr el cambio, o sea que su trabajo será liderar entre paradigmas (el nuevo y el anterior).

Lograr consenso respecto a los paradigmas es necesario, pues de otra manera, cada quien interpreta las cosas desde sus propios paradigmas, ya que sus creencias no le permiten comprenderlo de otra manera.

Cada quien, por razones familiares, de trabajo, de sus conocimientos y experiencias, de convivir en diferentes sociedades de las cuales forma parte, conforma sus paradigmas y afianza sus creencias, por lo que necesariamente todo lo interpreta en función de sus propias creencias.

Por lo tanto, no se trata de ver quién tiene razón, pues todos la tienen. Se trata de analizar en que se sustenta su propia visión. Se trata de dialogar y formular una serie de tesis y de antítesis para llegar a una síntesis, hasta encontrar el consenso.

Lograr con este procedimiento el compromiso requerido, integrando a todos los que sean necesarios en la intención y deseo de conseguir los mismos fines; a lograr armonía, cooperación y colaboración, según sea el caso, para que todos los esfuerzos se sumen y multipliquen y por lo tanto, construyan.

Los que dividan y resten, encontrarán la destrucción, ya que lo que se requiere es construir, desarrollar y avanzar hacia el progreso humano, económico y ecológico.

Esa es una de las tareas del líder, que debe saber escuchar, debe saber dialogar, en fin, debe saber manejar el conflicto para sacar ventaja de él, a través de un proceso dialéctico.

Vivimos dentro del mundo que nos rodea, pero cada persona tiene del mundo lo que lo rodea, su propia realidad, que es la que le permite ver sus principios y sus paradigmas.

Generalmente se dice estar en el negocio "de lo que se hace", sea producto o servicio, más bien deberíamos siempre preguntarnos "para qué sirve lo que se hace" en dicho negocio.

Lo trascendente, es estar siempre enfocado a la satisfacción plena del último usuario del producto o servicio. Hay que producir valor para la sociedad en que vivimos empezando con la familia y nosotros mismos, haciéndonos más competentes.

La visión es un proyecto de qué ser, para qué, por qué y cómo. Es necesaria para las personas, las familias, los entes privados, sociales y públicos; ya que constituye el paradigma central a través del cual conformamos nuestra vida si nos referimos a personas físicas, el plan de negocios o de servicios para los entes privados y sociales, y el proyecto de Nación en el más alto nivel Gubernamental que será la guía para todos los organismos públicos, conjuntamente con la Constitución.

Representando la visión Nacional del:

> QUÉ
> PARA QUÉ
> POR QUÉ
> CÓMO

de toda la actividad de la Administración Pública.

La visión de los entes, personas, empresas, instituciones y gobiernos, constituye la esencia de lo que se desea lograr en el hacer, contenido en el entorno presente.

Para constituir una Visión de Futuro se requiere:

1. Definir cuáles son los paradigmas que van a enmarcar esa visión, es decir, en que creencias estamos.

2. Precisar quienes conforman nuestros grupos de interés y cuáles son sus necesidades y expectativas.

3. Definir en qué negocio estamos y para qué, ya que la visión es la capacidad de visualizar las necesidades y expectativas de los principales grupos de interés y cómo satisfacerlas.

4. Precisar cuál es el marco de actuación que se debe seguir, tanto jurídico (legal) como ético, para ser plenamente confiables y creíbles.

Entre estos grupos de interés destacan:

1) El consumidor final del producto o servicio en un esquema de competencia global.

2) Los inversionistas y empresarios integradores de la organización.

3) El personal integrante de la organización.

4) Los proveedores de insumos y servicios.

5) Los organismos gubernamentales que nos regulan.

6) El sindicato cuando sea el caso.

7) La comunidad de la que formamos parte.

8) La ecología que es el hábitat de todos.

Estrategia

La Estrategia es el puente entre la Visión de Futuro y la forma de construirlo, es la búsqueda de la Eficacia para lograr las necesidades que nos hemos comprometido satisfacer y requiere:

1. Precisar cuáles son los paradigmas vigentes, para no correr el riesgo de estar enmarcados en paradigmas obsoletos o erróneos.

2. Definir para qué estamos (finalidad última). De acuerdo con esto, definir los distintos roles o campos de satisfacción de necesidades en las que estamos.

3. Precisar quiénes son nuestros grupos de interés para cada uno de los siguientes segmentos:

HACER con Eficacia

ESTAR con Eficiencia

PERMANECER con Credibilidad

4. Determinar cuáles son los factores claves que corresponden a nuestra relación con cada uno de ellos, para buscar siempre su correcta orientación y cumplimiento.

5. Establecer los procesos que deben seguirse para lograr lo anterior.

6. Establecer las políticas que deben conformar nuestros criterios y de todo el personal si se trata de un ente, para asegurar la congruencia en el hacer de toda la organización al participar en la ejecución de los procesos del punto anterior.

7. Establecer los parámetros que conformen el aspecto fundamental de toda organización que es el Desarrollo Humano. Este debe facilitar a cada uno de los miembros de la entidad sus procesos de aprendizaje y capacitación, así como el lograr cada uno desarrollo personal, con alto contenido humano y no sólo tecnológico. Todo este proceso es para integrarse mejor en una cultura corporativa y comprender mejor su papel, como participantes de la sociedad a la que pertenecen, con un mejor conocimiento de los valores morales que les permitan una mejor convivencia familiar y social en forma general.

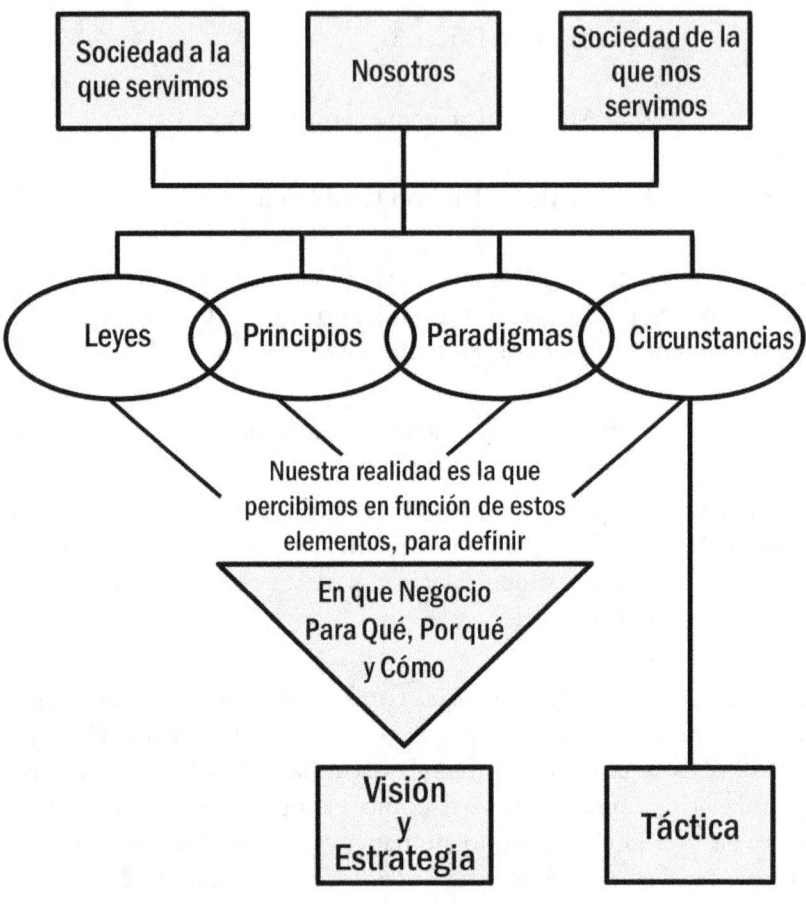

Liderazgo

Se dice que un líder dice lo que hay que hacer y un gerente se dedica a hacerlo bien. Quizá es un planteamiento simplificado entre dos funciones que están íntimamente relacionadas y cuyos límites no se pueden precisar. No es posible decir dónde termina liderar y donde comienza el gerenciar, pues el líder por necesidad, necesita gerenciar y el gerente requiere también liderar.

Presentando en una forma sintética lo que es la administración, diríamos que se compone de tres partes fundamentales que son necesarias, ya sea que se aplique a la familia, a los negocios, a las instituciones de servicio social o los organismos públicos:

1. **Dirigir:** Es marcar el rumbo y precisar los cómos fundamentales, tanto técnicos como éticos. Busca la Eficacia, la Eficiencia y la Credibilidad.

2. **Gobernar:** Es decir, abastecerse y usar adecuadamente todos los recursos que se requieren para llevar a cabo las operaciones y actividades encaminadas a obtener los resultados esperados. Debe optimizar la utilización de todos los recursos para lograr un proceso eficiente: financieros, tecnológicos, materiales, equipos, herramientas.

3. **Formación Humana**: Es uno de los aspectos fundamentales, dándole características humanistas a todo trabajo desarrollado por personas. Comprende fundamentalmente, además de dar un trato digno y justo a todos los integrantes de la organización, prepararlos para desarrollar correctamente sus tareas (adiestramiento) facilitarles la comprensión de por qué es necesaria su tarea, y cuál es su responsabilidad en la Cadena de Valor (Capacitación) y apoyarlos en su desarrollo del Saber y Saber Ser.

El líder es un integrador de talentos, orientados a obtener resultados en la dirección preestablecida, para lograr Eficiencia, Eficacia y Credibilidad que se requiera para ser competente.

1) En el devenir del tiempo, hemos visto que se acentúa el énfasis de la administración en diferentes aspectos, refiriéndose al aspecto humano. hemos visto que en una época se requerían capataces para asegurar que la fuerza laboral desempeñara sus tareas; con la llamada administración científica, el énfasis mayor se concentró en el análisis y estudio de las tareas, para que se aprovechara mejor el esfuerzo humano y se eficientara el uso de los recursos físicos y tecnológicos.

2) Ahora más que nunca se requiere además de una operación interdependiente que va más allá de la organización matricial que fue su comienzo.

3) Se requiere de la integración de equipos de trabajo totalmente compenetrados de los fines y los cómos de su responsabilidades, que colaboren como equipo (no en montón), en la Consecución de la Eficacia y Eficiencia necesaria para satisfacer plenamente las necesidades y expectativas de los clientes y de los demás grupos de interés.

4) Este proceso de formación humana, es la única forma de crear una cultura de Eficacia, Eficiencia y Credibilidad, es un requerimiento que nos impone un mundo globalizado, con más conciencia respecto a la cuestión ecológica y humanista.

5) La creación de una cultura y el reforzamiento de la misma, es de primordial importancia, pues es a través de esa cultura constituida por paradigmas, como se podrán alinear y coordinar todas las funciones que conforman la serie de sistemas particulares, pero concatenados a un sistema maestro.

Este sistema maestro será el que permita crear procesos de cadenas generadoras de valor, para satisfacer a los grupos demandantes, para quienes y por quienes se diseñó el ente u organismo que deberá servirlos y estimularlos para seguir participando con su apoyo en el desarrollo y crecimiento sostenido y sustentable de la entidad.

El Líder administra el proceso de convertir la visión en resultados Eficaces, Eficientes y Confiables; para lograrlo, requiere congruencia, compromiso y responsabilidad integral.

El Liderazgo o está en toda la cadena de responsabilidad o no hay liderazgo. Sin él no podrá existir cultura de Eficacia, Eficiencia y Credibilidad.

Los resultados se apreciarán en la Operación que es el hacer cotidiano de todos los integrantes del ente y es la integración de todas las cadenas de responsabilidad, para Ser Competentes.

Sintetizando, diremos que el Liderazgo empieza con la responsabilidad de formular la visión y la Estrategia, para evolucionar y culminar con la transformación de la cultura de la entidad, inspirando a todo el personal a integrarse a la visión de la entidad.

La fortaleza de un liderazgo se sustenta en sus principios.

Por lo tanto, todo responsable de administrar un ente, desde una familia hasta una Nación, debe tener capacidad gerencial y calidad de líder para dirigir, gobernar y apoyar a la Formación Humana con su ejemplo.

Administración de la Cadena de Valor del ente para ser competente

La Visión es el eslabón de partida ya que está sustentada en paradigmas vigentes y necesidades reales del mercado y de los grupos de interés

Visión → Quién soy, cuales son mis creencias (paradigmas) y Para Qué estoy. Cuales son las necesidades que voy a satisfacer

Estrategia → Por qué estoy (propósitos y Objetivos a lograr) y cómo debo ser (Principios y Políticas)

Táctica → Cómo debo actuar, con qué tecnología y recursos; cuando, donde, y con quien. Metas, reglas, procedimientos, presupuestos, programas, proyectos.

Operación → Convertir en realidad la "Visión", la "Estrategia" y la "Táctica", con:
Eficacia
Eficiencia
Credibilidad

Resultado → Ser competente entregando el valor esperado por cada una de las personas o entes que forman parte de nuestro Grupo de Interés:
- Consumidores Finales
- Clientes
- Proveedores
- Personal
- Inversionistas
- Acreedores
- Gobierno
- Comunidad, etc.

Se requiere de Liderazgo para lograr que los resultados correspondan a la Visión y a la Estrategia.

5. SER COMPETENTE PARA ADMINISTRAR LAS CADENAS DE VALOR, DE PROCESO Y DE RESPONSABILIDAD

El propósito de la administración es: Mantener siempre competente la operación del ente que administra.

Requiere integrar a la operación en 3 cadenas fundamentales:

Las Cadenas de Valor, para asegurar que la consecución de toda la actividad logre satisfacer las necesidades de las Sociedades a la que sirve (externos o internos) como está previsto.

Las Cadenas de Proceso, para asegurar la concatenación de actividades que integran un proceso para concluir una etapa que se integre a la cadena de valor, optimizando el uso de recursos e insumos así como la participación de personal competente para lograr altos índices de eficiencia.

Las Cadenas de Responsabilidad, que corresponde a la concatenación de responsabilidades para asegurar que se logre el fin predeterminado. La integración de todas las cadenas de responsabilidad al estar vigentes y actuantes, darán por resultado una operación que cumpla con la Visión y la Estrategia.

La Operación es lograr que se realicen todos los actos, para que los resultados del Ente sean Eficaces, Eficientes y Confiables (Creíbles).

Es indispensable enmarcar toda la operación con sus cadenas respectivas, dentro de tres sistemas básicos que son:

Sistema de Planeación
Sistema de Información
Sistema de Control

Algunos Principios que se deben considerar siempre

1. La delegación de facultades se hará siempre dentro del marco de Principios y Políticas.

2. El delegar facultades significa también asignar responsabilidades precisas.

3. El delegar no libera al que delega de tener responsabilidad plena sobre lo delegado.

4. Toda persona con facultades para expedir una orden, tiene la responsabilidad de cuidar que se cumpla.

5. Es necesario dar a las personas tanta autonomía como sea posible dentro del contexto (1, 2, 3 y 4).

6. Todo Plan al ser aprobado, significa un compromiso de realización u observancia para quien lo propuso y una responsabilidad de seguimiento para quien lo aprobó.

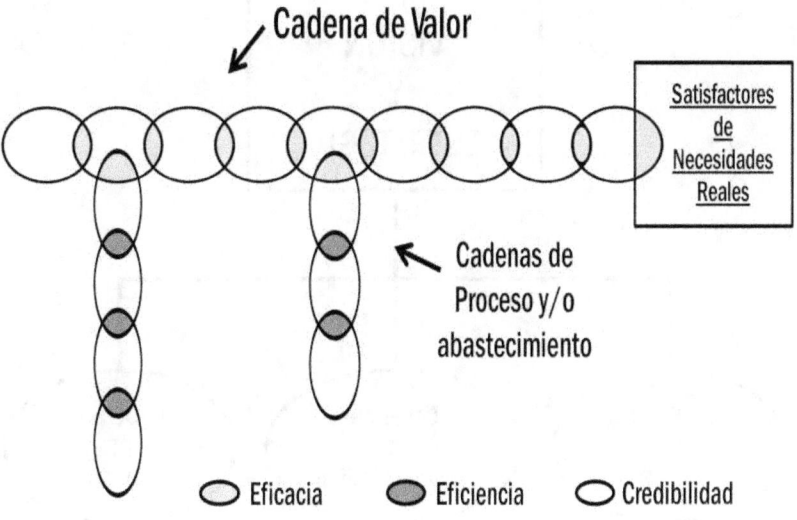

Cadena de Valor

Satisfactores de Necesidades Reales

Cadenas de Proceso y/o abastecimiento

◯ Eficacia   ◉ Eficiencia   ◯ Credibilidad

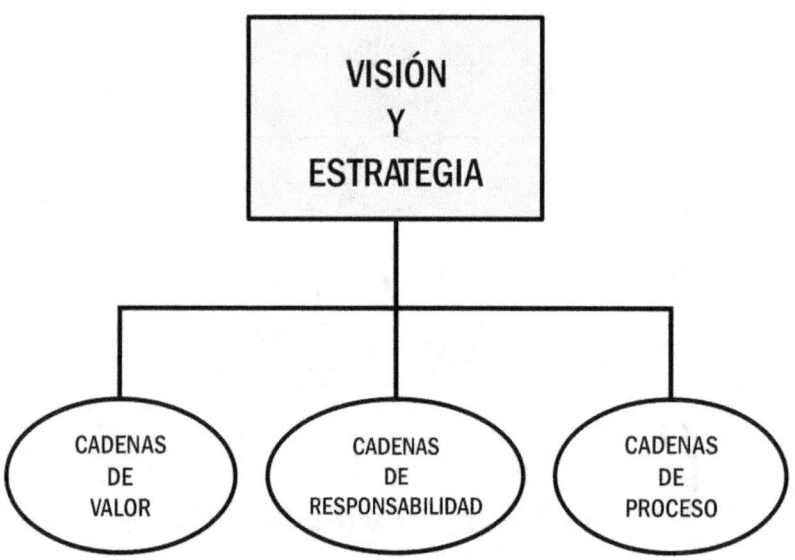

Esta es la primera ordenación estratégica para definir como operar para lograr el cumplimiento de los Propósitos y Objetivos y definir el marco de actuación a través de los Principios y Políticas.

Toma de Decisiones

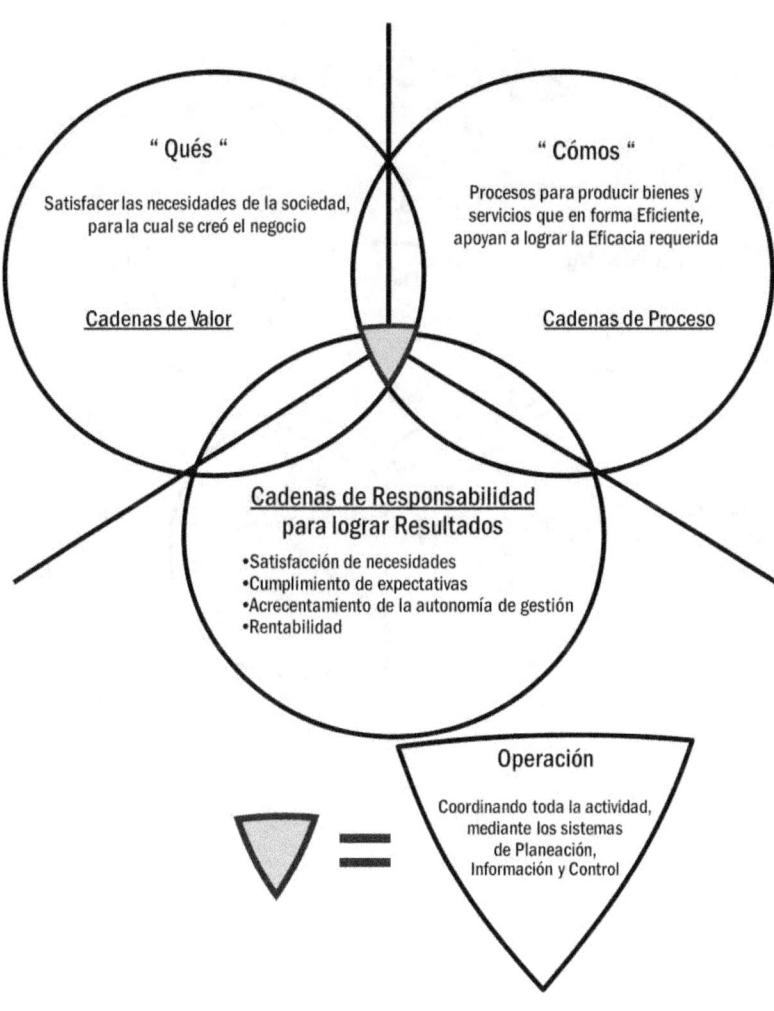

" Qués "

Satisfacer las necesidades de la sociedad, para la cual se creó el negocio

Cadenas de Valor

" Cómos "

Procesos para producir bienes y servicios que en forma Eficiente, apoyan a lograr la Eficacia requerida

Cadenas de Proceso

Cadenas de Responsabilidad para lograr Resultados

•Satisfacción de necesidades
•Cumplimiento de expectativas
•Acrecentamiento de la autonomía de gestión
•Rentabilidad

Operación

Coordinando toda la actividad, mediante los sistemas de Planeación, Información y Control

Ser Competente

Cadenas de Valor

Satisfactor

Satisfactor

Eficacia
Saber
Para qué
y
Por qué

Confianza

Precio

Cadenas de
Responsabilidad
Integral

Credibilidad
Saber
Ser

Eficiencia
Saber
Hacer

Cadenas de
Proceso y de
Abastecimiento

Cultura

Productividad

Planeación

La planeación es una fuerza ordenadora de acciones para devenir el deber ser en el Ser, su propósito es facilitar el tránsito del presente hacia el mañana en forma ordenada, satisfaciendo los "Qué" y los "Cómo" de la Estrategia, para cumplir con la Visión y operar dentro de las cadenas de responsabilidad, que soportan la ejecución y control de las cadenas de valor y de proceso, incorporando los programas y presupuestos que sean convenientes para actuar coordinadamente en el eterno presente.

La planeación significa la articulación de planes y "plan" significa "comprometerse a", no es una idea, es siempre un compromiso, por lo tanto, la planeación es una articulación de compromisos para lograr un fin que integra la Cadena de Responsabilidad.

La planeación es toma de decisiones de los Qué y los Cómo que afectarán el futuro, esto es, el evaluar distintas alternativas para lograr una mayor efectividad y una máxima eficiencia, optimizando el uso de los recursos y minimizando los riesgos y el efecto de los factores limitantes.

Es muy importante estar consciente que el no tomar una decisión, equivale a tomar la decisión de no decidir y asumir la responsabilidad de los resultados que esto implica.

La asesoría en materia de planeación no corresponde a tomar decisiones, sino de apoyo a quien debe tomarlas y responsabilizarse de sus resultados.

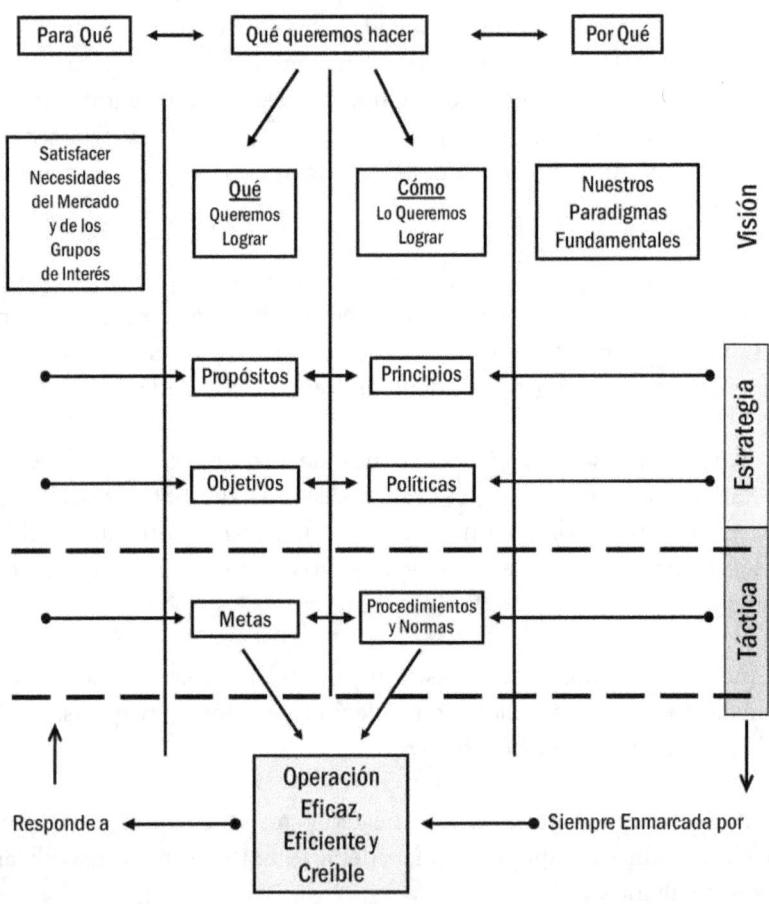

Qué queremos lograr

•Propósito

Es el señalamiento de intenciones que animan y dan sentido a la existencia de la entidad, así como de cualquiera de las unidades de negocio o servicio que la integran.

•Objetivo

Es la definición precisa a nivel estratégico, de una situación que se desea alcanzar en un tiempo dado, en relación con los propósitos de la entidad.

•Meta

Es la definición concreta a nivel táctico y operativo de una situación que se debe alcanzar en relación con un objetivo pre-determinado, dentro de un plazo estipulado.

Cómo lo queremos lograr

•Principios

Máximas que rigen la consecución de los propósitos.

•Políticas

Criterios a nivel estratégico, que debidamente fundamentados en los principios delimitan claramente la orientación general que habrá de seguirse para la consecución de los objetivos.

•Procedimientos y Normas

Son reglas de carácter particular a nivel táctico, que basado en las políticas, conduzca el desarrollo de las funciones de todos los niveles de la entidad, para la consecución de las metas.

Planeación Integral

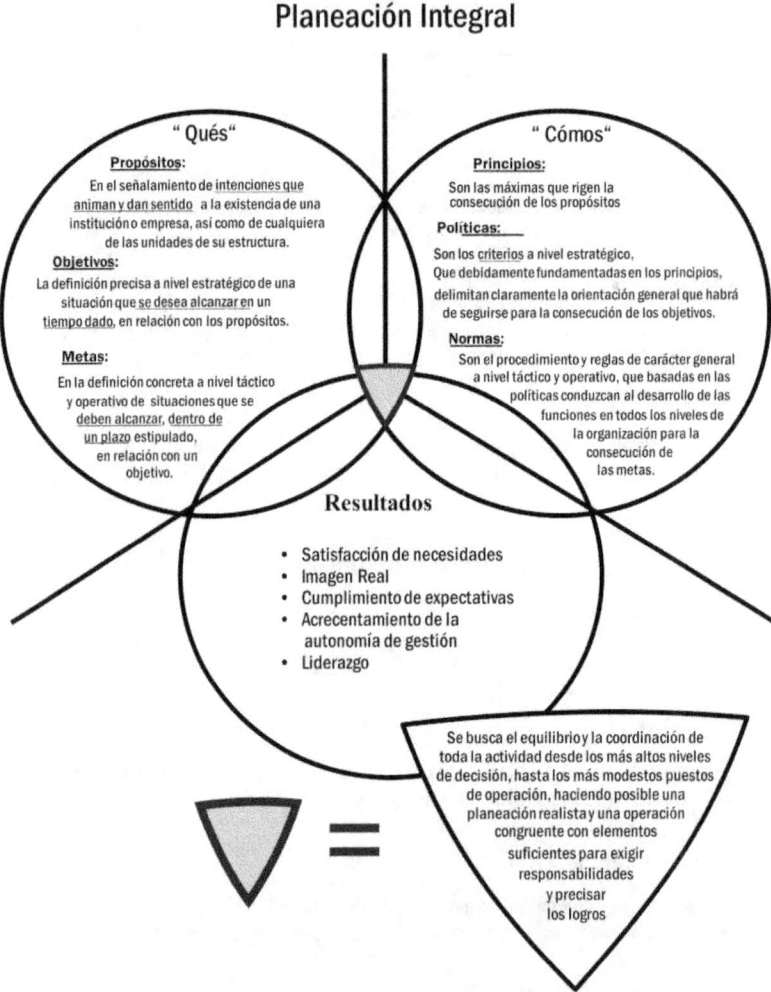

" Qués"

Propósitos:

En el señalamiento de intenciones que animan y dan sentido a la existencia de una institución o empresa, así como de cualquiera de las unidades de su estructura.

Objetivos:

La definición precisa a nivel estratégico de una situación que se desea alcanzar en un tiempo dado, en relación con los propósitos.

Metas:

En la definición concreta a nivel táctico y operativo de situaciones que se deben alcanzar, dentro de un plazo estipulado, en relación con un objetivo.

" Cómos"

Principios:

Son las máximas que rigen la consecución de los propósitos

Políticas:

Son los criterios a nivel estratégico, Que debidamente fundamentadas en los principios, delimitan claramente la orientación general que habrá de seguirse para la consecución de los objetivos.

Normas:

Son el procedimiento y reglas de carácter general a nivel táctico y operativo, que basadas en las políticas conduzcan al desarrollo de las funciones en todos los niveles de la organización para la consecución de las metas.

Resultados

- Satisfacción de necesidades
- Imagen Real
- Cumplimiento de expectativas
- Acrecentamiento de la autonomía de gestión
- Liderazgo

Se busca el equilibrio y la coordinación de toda la actividad desde los más altos niveles de decisión, hasta los más modestos puestos de operación, haciendo posible una planeación realista y una operación congruente con elementos suficientes para exigir responsabilidades y precisar los logros

Planeación Integral

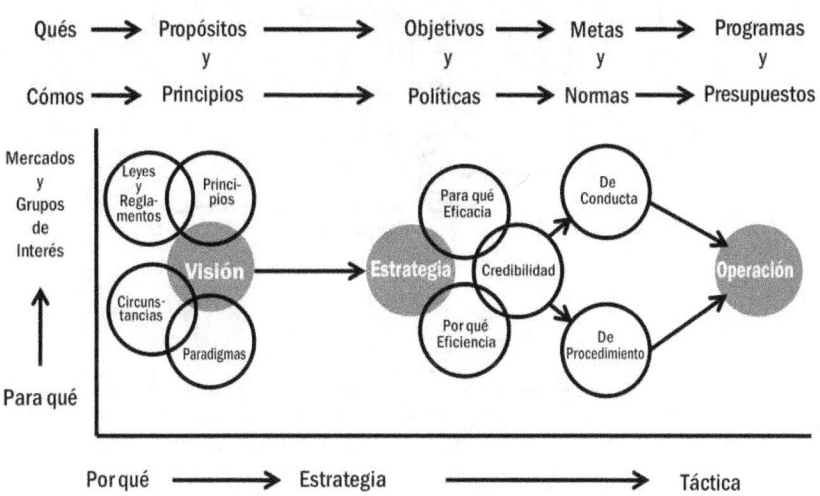

La Táctica es una facilitadora de la operación,
para cumplir con la estrategia.

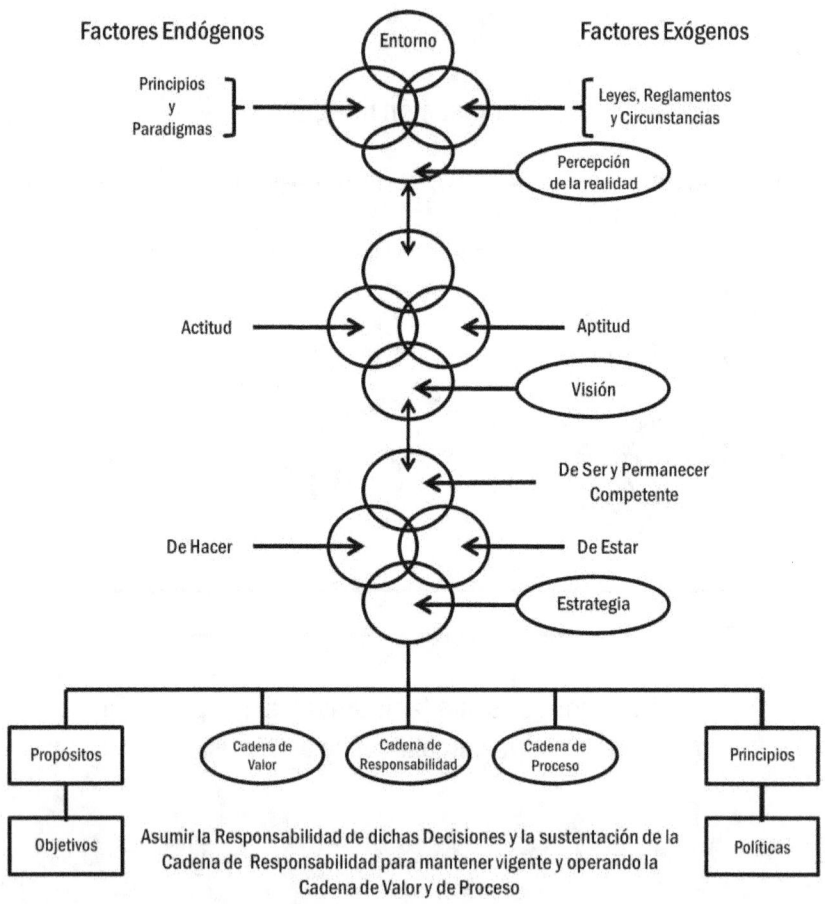

Administración de las Cadenas de Valor, de Proceso y de Responsabilidad

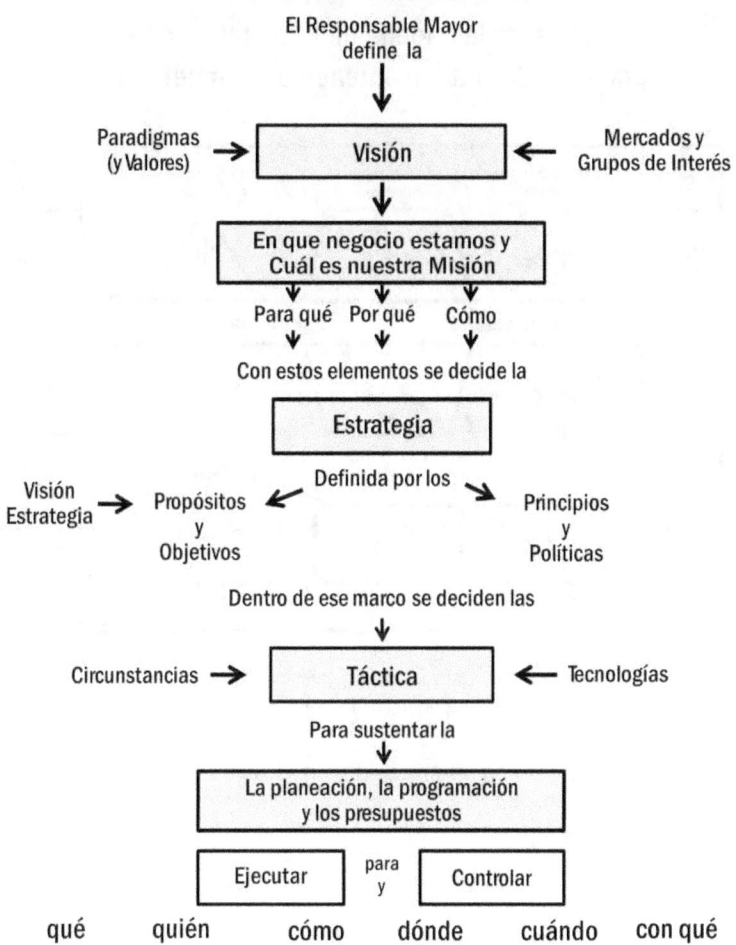

El Responsable Mayor
define la

Paradigmas
(y Valores) → **Visión** ← Mercados y
Grupos de Interés

En que negocio estamos y
Cuál es nuestra Misión

Para qué   Por qué   Cómo

Con estos elementos se decide la

Estrategia

Definida por los

Visión
Estrategia → Propósitos
y
Objetivos ←   → Principios
y
Políticas

Dentro de ese marco se deciden las

Circunstancias → **Táctica** ← Tecnologías

Para sustentar la

La planeación, la programación
y los presupuestos

Ejecutar   para
y   Controlar

qué   quién   cómo   dónde   cuándo   con qué

Administrar la Cadena de Valor del ente (∗)
administrado, para mantenerse "Competente ".

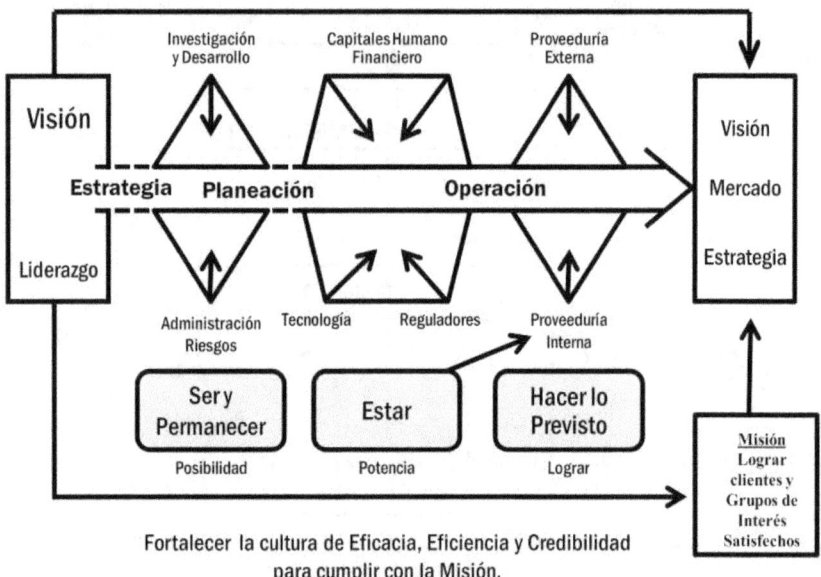

Fortalecer la cultura de Eficacia, Eficiencia y Credibilidad
para cumplir con la Misión.

(∗) Puede ser una empresa, una institución o un país.

Información

Las personas integrantes de las Cadenas de Responsabilidad, están obligadas a tomar decisiones que corresponden a todos los niveles de la operación, desde el establecimiento de la visión, las estrategias, los planes, los programas y los presupuestos, así como la solución de problemas que día a día se deben afrontar y que se presentan en toda organización, por lo tanto requiere de información adecuada y concisa, oportuna y confiable.

Dicha información proviene de muy diversas fuentes, tanto internas como externas, pero debe cumplir con los requisitos de adecuada y concisa, oportuna y confiable, que corresponden a la Eficacia, Eficiencia y Credibilidad.

Adecuada y Concisa significa ser Eficaz, ya que satisface la necesidad de información en forma precisa y escueta; que no le falta ni sobra contenido para poder tomar una decisión.

Oportuna significa ser Eficiente, al estar disponible cuando se le necesita para tomar una decisión.

Confiable lo dice claramente, que es Creíble, no hay duda de que es lo que dice ser.

Resumiendo la información, debe ser Eficaz, Eficiente y Creíble, por lo tanto requiere que quienes la producen y la transmitan Sean Competentes.

Podemos decir que un sistema de información es equivalente al sistema nervioso de un ser humano; necesita transmitir información, obtener información del medio, llevarla al lugar en donde se toman decisiones, regresar estas decisiones a través de un proceso informativo, como en el organismo humano, que pasa a través del sistema nervioso para enviar ciertas órdenes como el que se mueva una mano, o que requerimos comer o tomar agua, etc., actuando como servomecanismos.

Así siguiendo la estructura de organización de un ente productor de bienes y servicios, crea servomecanismos que integren las cadenas de responsabilidad, con las de proceso y de valor, para asegurar que se logre el propósito.

El sistema de información permitirá a los integrantes de las Cadenas de Responsabilidad, cumplir con los objetivos, dentro de las políticas establecidas y dar el seguimiento a los programas de trabajo y a los presupuestos, manteniendo orden y calidad en toda la actuación coordinada del equipo humano responsable de la administración que mantiene competente al ente en cuestión.

Consideraciones básicas de los sistemas de información

1. Considerar la información como un recurso de la administración para mantener competente la operación.

2. Considerar que los sistemas de información afectan todos los niveles de la organización

3. Considerar que los ejecutivos utilizan una proporción muy alta de su tiempo para leer e interpretar información.

4. Considerar que la tecnología por sí sola, no ofrece soluciones.

5. Considerar que en el desarrollo y operación de los sistemas de información siempre deben estar presentes los conceptos de: Efectividad, Eficiencia y Confiabilidad.

Control

El proceso de control es una estrategia de la administración, para asegurar que se están logrando los propósitos de la entidad y que se está cumpliendo con los principios y leyes que los enmarcan.

El primer ejercicio de control y quizá el fundamental, consiste en darle seguimiento a la validez de los paradigmas que conforman la visión para hacer los ajustes o modificaciones que sean necesarios, para mantener el enfoque correcto de toda la actividad del ente, sea este una persona, una familia, una empresa, una institución de servicio o un gobierno en cualquiera de sus formas.

Control es acción, es toma de decisiones, es actitud responsable de cada uno de los ejecutivos de cuidar que las cosas se realicen como están previstas, que las órdenes se cumplan, que las políticas se sigan, es, en fin, parte del proceso de administración que corresponde a cada persona, de acuerdo con su ámbito de responsabilidad y no es delegable ni transferible.

Podemos resumir que, Control es el efecto del proceso administrativo y que a partir del orden establecido en materia de objetivos y políticas básicas, asegura que se alcanzarán los propósitos y principios de la entidad, con énfasis en su permanencia como una entidad competente.

Las organizaciones y los sistemas tienden a la entropía, excepto que sean auto controlables, teniendo como anti entropía un sistema cibernético de auto regulación y control de auto gobierno.

Vivir de manera efectiva para mantener el control, significa poseer la información adecuada, así pues, la comunicación y la regulación constituyen la esencia de la vida interior del hombre, tanto como de su vida social.

La cibernética es la ciencia de la comunicación y el control.

El control es un atributo de un sistema.

El management es en sí un sistema y por lo tanto debe tener su atributo que es el control.

Para entender un sistema se requiere conocer cómo actúan las líneas de conectividad entre las diferentes partes del sistema y en qué forma afecta el que se rompa alguna o algunas líneas de conectividad.

¿Qué se Controla?

El Ser Competente para:

Hacer	Estar	Permanecer
Realizar con: Eficacia Eficiencia y Credibilidad Aquello que nos comprometimos, o que estamos obligados a cumplir	Estar vigente con todos los recursos necesarios: Personas Tecnología Capital y Medios físicos Cumpliendo con la legalidad correspondiente para que nuestro Hacer se realice con Eficacia, Eficiencia y Credibilidad	Actualizar nuestros Paradigmas y Fortalecer nuestros Principios, para mantener vigente nuestra Visión y Estrategia

Este esquema es aplicable a nivel personal, empresarial y gubernamental

Modelo Cibernético de Planeación, Información y Control

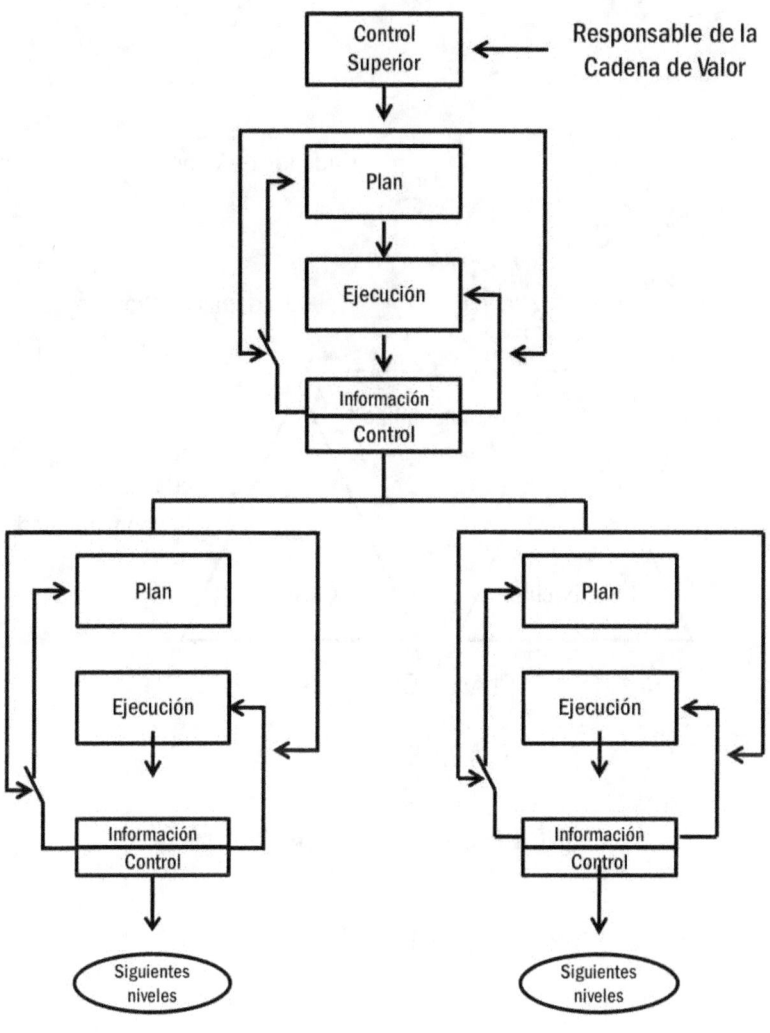

Responsable de algún eslabón
de la Cadena de Valor
o de una Cadena de Proceso

Responsable de la Cadena de Valor
o de una Cadena de Proceso

6. LA OPERACIÓN

Es la integración de todas las cadenas de responsabilidad ,de manera que las cadenas de proceso hagan fluir sus resultados hacia las cadenas de valor, cumpliendo con la Visión y la Estrategia.

La Operación es el Eterno Presente y está representada por la conjunción de todas las cadenas de responsabilidad, actuando siempre de acuerdo con la visión y la estrategia , ajustando su Hacer por la táctica que las circunstancias dicten.

Se deben producir beneficios vía los productos y/o servicios, ya que estos son el medio para satisfacer necesidades y expectativas.

La operación debe lograr productividad, entendida como el aprovechamiento de todos los recursos en beneficio de los grupos de interés involucrados.

Todo el equipo humano que integra la operación debe actuar con competencia, es decir, realizar su trabajo con Eficacia, Eficiencia y Credibilidad, se trate de una entidad privada o gubernamental.

Cuando la responsabilidad recae en un órgano colegiado, gubernamental, empresarial, social, profesional, deberá actuar como equipo que busca un fin común y no en montón, pisoteándose, peleando y actuando en un nivel de incompetencia.

Los Factores críticos son aquellos que ligan a la Operación con la Estrategia a seguir, para cumplir con la Visión.

De ahí que para mantener una operación sana, es fundamental cuidar que los factores críticos estén bajo control.

Deben monitorearse continuamente para controlarlos, de manera que la operación fluya como está previsto, evitando riesgos.

El riesgo mayor que nos impide ser competentes consiste en que nuestra visión esté sustentada en paradigmas equivocados u obsoletos, ya que estaremos dirigiéndonos en una dirección equivocada.

Estando dentro de paradigmas correctos el riesgo más importante, es no satisfacer plenamente a la Sociedad a la que servimos, llámese esta familia, mercado, consumidores o comunidad, seguido del riesgo de no satisfacer plenamente los compromisos y expectativas de nuestros grupos de interés, llámese estos: proveedores, accionistas, personal, acreedores, organismos reguladores y comunidad.

No contar con el capital humano competente que se responsabilice de operar con Eficacia, Eficiencia y Credibilidad, representa un riesgo importante.

No administrar con competencia la operación financiera para mantener siempre liquidez, solvencia, estabilidad y rentabilidad también representa un riesgo muy importante.

Dar seguimiento a todos los factores clave de la operación es fundamental.

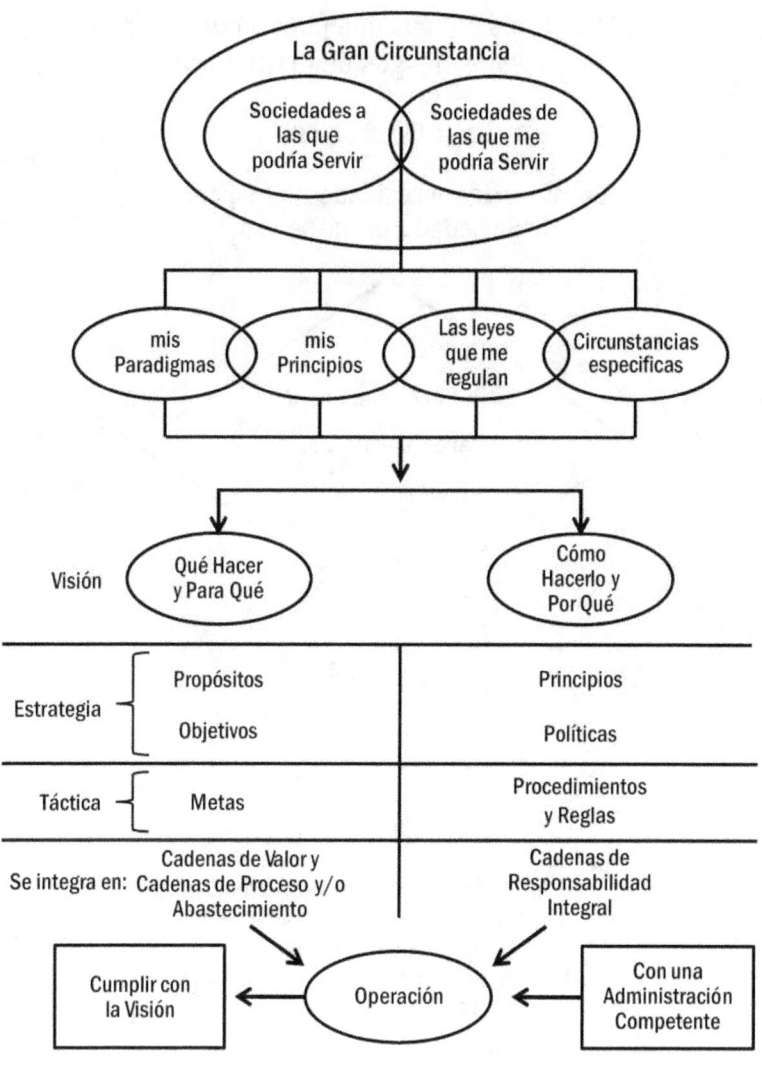

Los factores críticos que pueden producir los mayores riesgos de la Operación

Para qué estamos

Satisfacer las necesidades del sector de la Sociedad a la que servimos

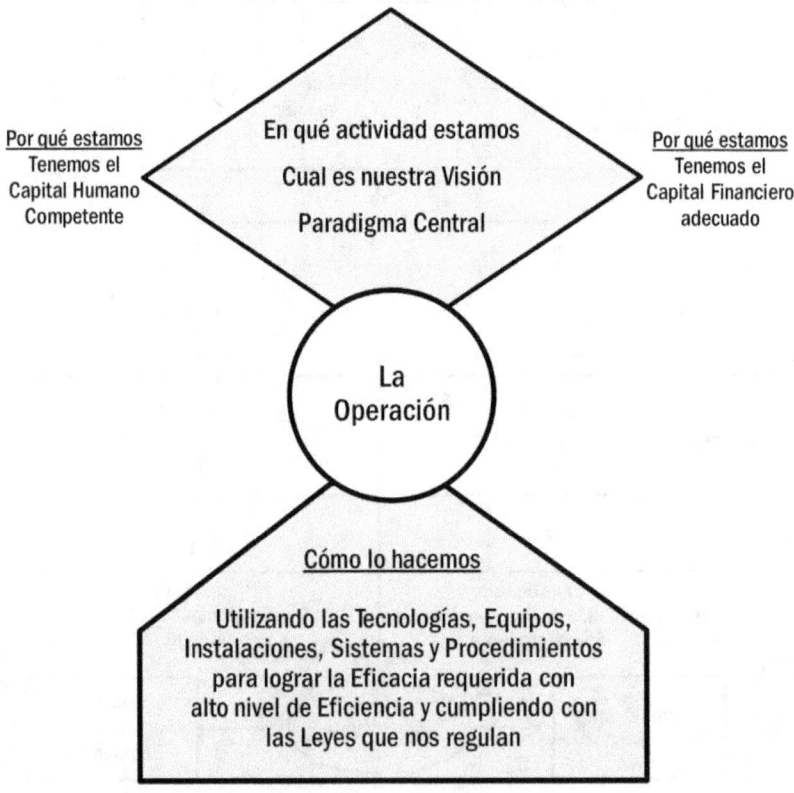

Los tres Factores clave para Hacer y Estar en el negocio

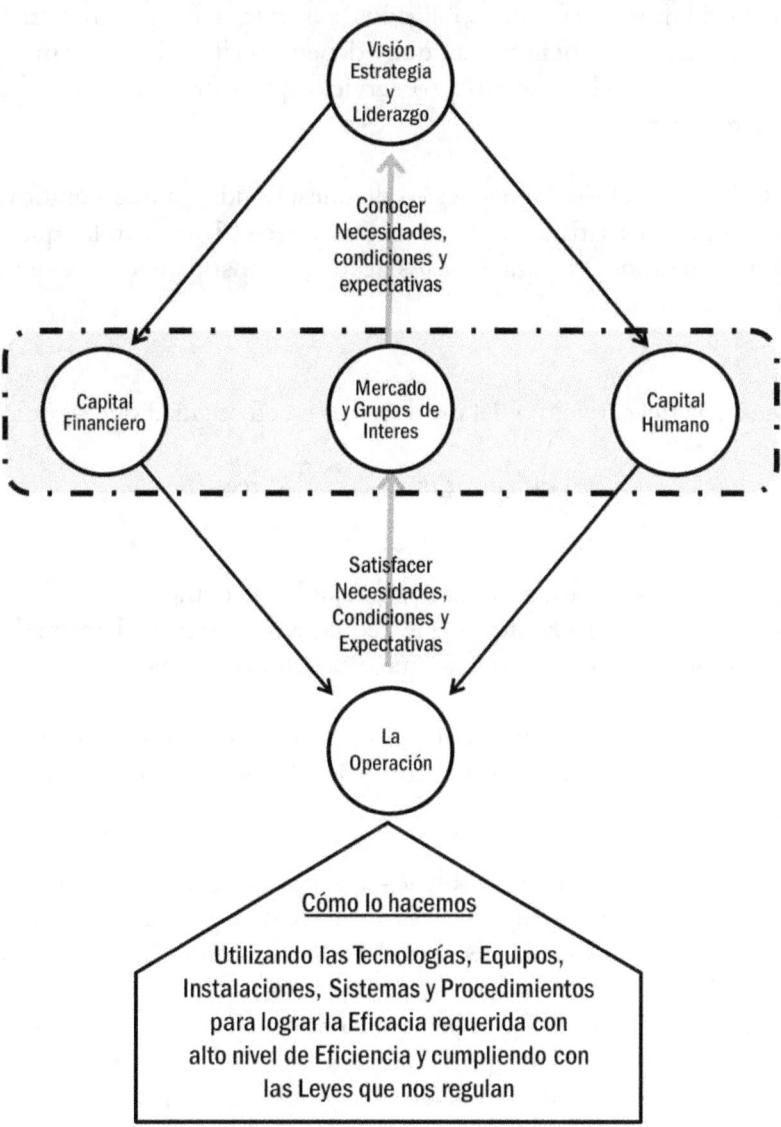

Calidad

Calidad es satisfacer plenamente las necesidades de la Sociedad a la que decidimos o estamos obligados a servir, hay que definirla en función de los beneficios que deben recibir los usuarios o consumidores del producto y/o servicio que vamos a producir y/o comercializar.

La Calidad, es el eje del negocio o de nuestra vida, ya que significa ser efectivo, que es satisfacer plenamente las necesidades con las que nos comprometimos para satisfacer, constituyendo nuestra responsabilidad.

La esencia del servicio o del producto es su efectividad que significa:

satisfacer una necesidad real

La calidad es el estándar, es la norma que debe cumplir el producto o servicio, es dar al cliente lo que requiere, es ofrecer al mercado el satisfactor que espera, al precio que está dispuesto a pagar.

Significa que una vez fijadas las normas de un producto o servicio, deben cumplirse; ya que éstas corresponden a nuestra aspiración de ser competentes.

Hay que controlar que los bienes y servicios que se produzcan se mantengan dentro de los límites establecidos por el estándar o la norma, y a partir de ello, reducir el costo al mínimo que sea posible, ser implacables en la aplicación de las técnicas y procedimientos que permitan reducirlo, hay que llevar cuenta de ello, hay que conocer en qué grado la actitud de productividad nos lleva a incrementar los resultados por menos costos, en qué grado nos permite reducir los precios para mejor competir en los mercados, en qué grado nos permite elevar los estándares de calidad para dar una mejor satisfacción a los mercados que atendemos y lograr ventajas competitivas.

La calidad hay que definirla en función de los beneficios que deben recibir los usuarios o consumidores del producto y/o del servicio que vamos a producir y comercializar.

La esencia del servicio o del producto debe de ser su <u>efectividad</u>.

Ser Competentes significa satisfacer plenamente las necesidades de todos los grupos de interés.

La Calidad es un concepto binario, o se cumple o no se cumple; no hay términos medios, no debe haber zonas grises, existe calidad, o no existe calidad.

Precisemos que para competir, nuestro nivel de competencia debe satisfacer el estándar equiparable al de nuestros competidores, o ser más alto, si queremos sobresalir.

Incrementar los Valores Agregados

Calidad
Cumplir con el valor básico a entregar
Definirlo con precisión en cada caso

Lograr Precios justos

Avance del grado de Competencia

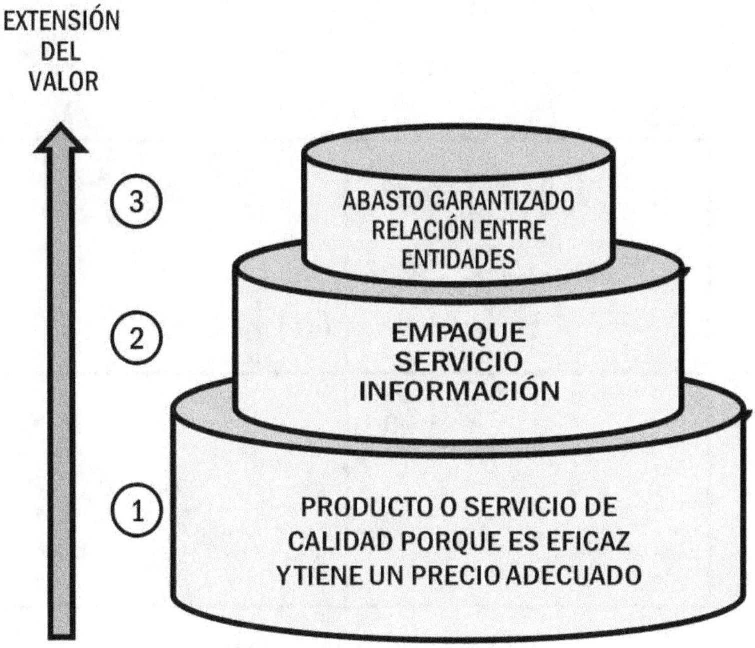

EXTENSIÓN
DEL
VALOR

③ ABASTO GARANTIZADO
RELACIÓN ENTRE
ENTIDADES

② EMPAQUE
SERVICIO
INFORMACIÓN

① PRODUCTO O SERVICIO DE
CALIDAD PORQUE ES EFICAZ
Y TIENE UN PRECIO ADECUADO

① Que satisface plenamente la necesidad a cubrir
es el valor de Origen

② ③ Son Valores Agregados

Nota: Si el valor de origen no lo es, no puede haber valores agregados

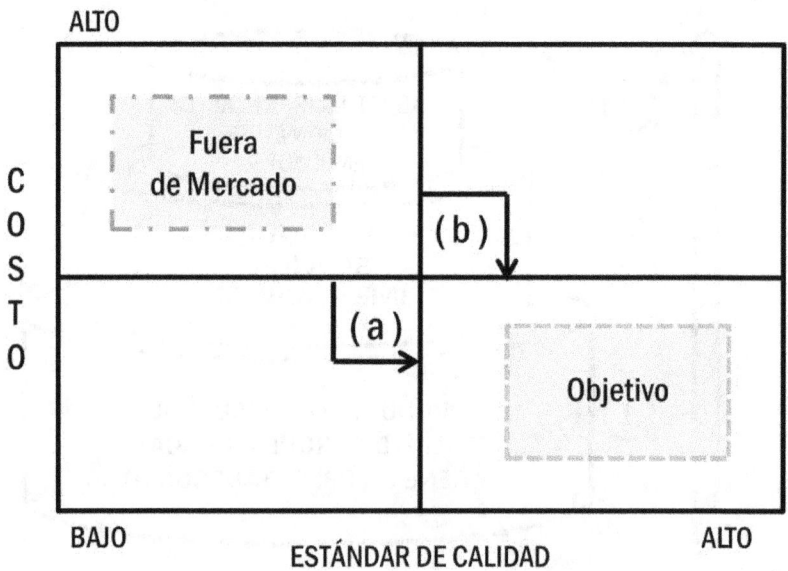

a)   Bajar costos y mejorar Estándares de Calidad
b)   Mejorar Estándares de Calidad y Bajar Costos

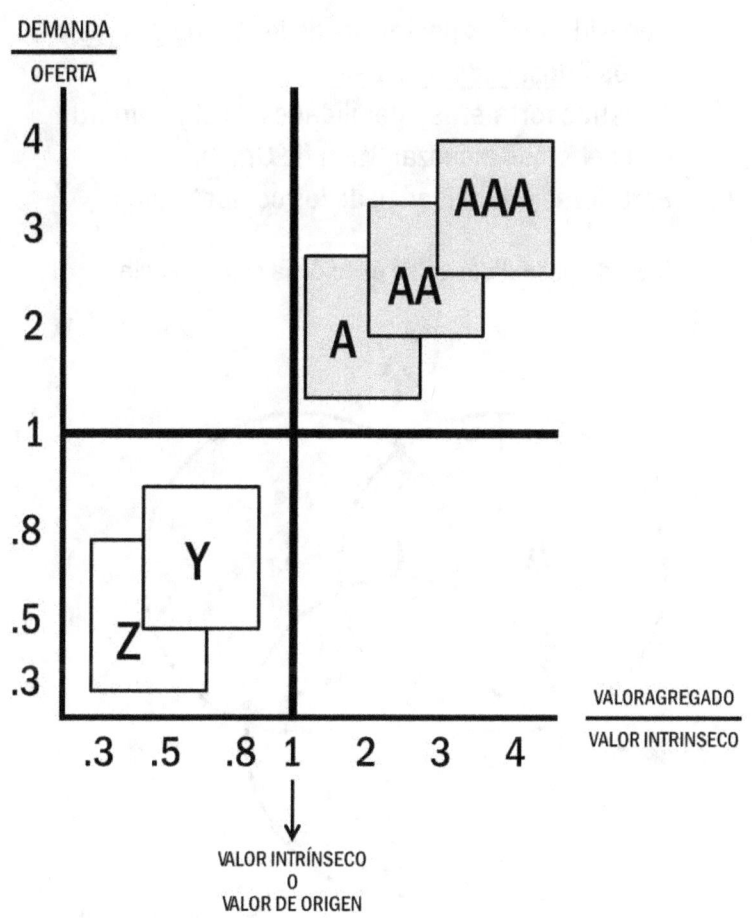

A. Necesidades y expectativas de los <u>Compradores</u> y de los <u>Consumidores</u> <u>Finales</u>

B. Nuestras fortalezas y debilidades Vs el Standard que debemos alcanzar (Valor de Origen)

C. Fortalezas y debilidades de los competidores

Nivel de posibilidades de éxito de la competencia

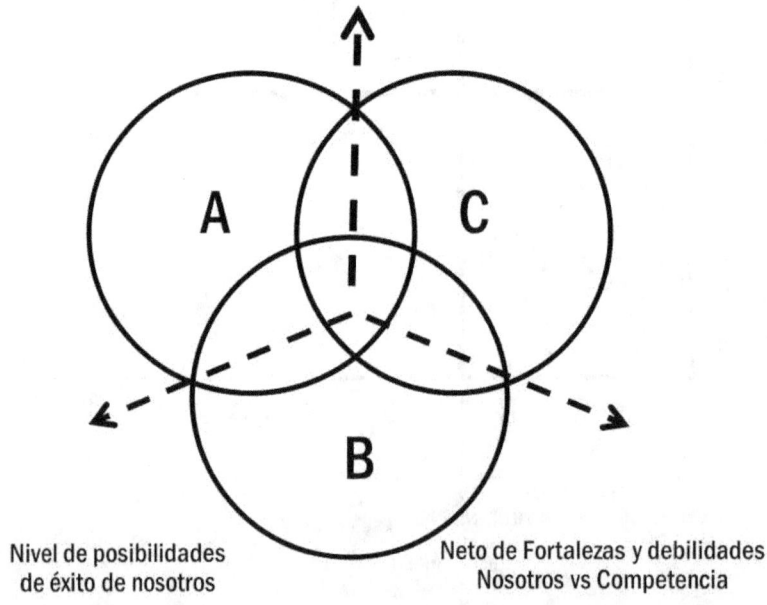

Nivel de posibilidades de éxito de nosotros

Neto de Fortalezas y debilidades Nosotros vs Competencia

¿ Por qué Capital Humano y Financiero?

La palabra "Capital" proviene del latín y significa "lo esencial", "lo central".

Los Capitales, tanto Humanos como Financieros, cuando se emplean para satisfacer necesidades reales de la sociedad actuando con Eficacia, Eficiencia y Credibilidad, además de producir valor para Terceros, acumulan valor al incrementar el desarrollo de las personas y acumulan valor económico en lo financiero.

En la Operación, el Capital Humano y el Capital Financiero, representan los dos pilares fundamentales para la existencia de un ente privado o público.

Quien dirige el ente, quien decide que tecnología utilizar, quien utiliza la computadora u opera un torno en el taller mecánico, quien visita a los clientes, etc., forma parte del Capital Humano y requiere del Capital Financiero para comprar insumos, instrumentos de trabajo, equipos para transportarse, energía para realizar las operaciones, etc.

Es por lo tanto, la actuación competente de las personas, el factor crítico para operar con Eficacia, Eficiencia y Credibilidad y para permanecer sirviendo a la sociedad que le corresponde, por decisión propia o por obligación legal.

Resumiendo: si no se satisfacen las necesidades que le corresponden y si no se desarrolla y remunera a los integrantes del Capital Humano y se cumplen los compromisos y remuneración que le corresponde al Capital Financiero, se destruye el ente.

Capital Humano

Las entidades públicas y privadas, son asociaciones de personas que se integran para servir a otras sociedades.

En ambos casos, ya sea que se auto obliguen o por mandato legal, para estar en capacidad de servir, contratan o invitan a otras personas para formar equipos de trabajo que sean capaces de servir a las sociedades que les corresponda hacerlo.

Dichos servicios que se dan en forma directa o a través de uno o varios productos, deben satisfacer plenamente las necesidades que se deben cubrir sin ocasionar daños colaterales.

Por lo tanto, deben ser el resultado de procesos y cadenas de valor que los produzcan con Eficacia, Eficiencia y Credibilidad, es decir de forma Competente.

Cuando las personas presten por si misma servicios a la sociedad, deban cumplir exactamente con el mismo requisito de ser competentes.

Para lograr que las cadenas de valor y las de proceso mantengan su fortaleza para lograr los propósitos para los que fueron diseñados, se requiere en forma paralela construir cadenas de responsabilidad.

Hacer responsable a una persona de lograr un objetivo dentro de un comportamiento ético, significa confiar en esa persona, por lo que el aglutinante de las cadenas de responsabilidad es la confianza, misma que se refuerza al actuar cada quien con sentido de responsabilidad y forma un círculo virtuoso, confianza-responsabilidad-confianza-responsabilidad, convirtiéndose así en uno de los tres elementos que dan vida al concepto de "Ser Competente" para lograr:

1. Ser Eficaz haciendo lo que se debe hacer para cumplir con la "Visión".

2. Ser Eficiente haciéndolo bien al menor costo posible para lograr eficacia.

3. Ser Confiable siendo responsable y ético.

La Formación Humana es fundamental para darle características humanistas a todo trabajo desarrollado por personas. Comprende fundamentalmente, además de dar un trato digno y justo a todos los integrantes de la organización, preparados para desarrollar correctamente sus tareas (adiestramiento) facilitarles la comprensión de por qué es necesaria su tarea y a que contribuye, el porqué es importante hacerla bien (capacitación) y proporcionarles toda la información necesaria para mantener una comunicación franca y abierta con todos y cada uno de los elementos que integran el organismo. Los sindicatos, cuando los hay, deben participar activamente en todo el proceso, pues son parte de la organización.

Este proceso de formación humana, es la única forma de crear una cultura de Eficacia, Eficiencia y Credibilidad, fomentando y apoyando el desarrollo humano en los tres saberes:

Saber Ser, Saber y Saber Hacer

La cultura es la expresión de cómo somos, de cómo orientamos nuestros pensamientos; es la expresión de nuestra manera de ser y nuestro marco para analizar e interpretar al mundo y de buscar el cómo mejor servir a la sociedad que integra nuestra circunstancia.

Para dar congruencia a lo anterior es fundamental que todos en la organización, den a cada uno de los siguientes conceptos la misma connotación.

Eficacia
Es la orientación de las acciones hacia lo que se debe hacer, de acuerdo con las estrategias establecidas.

Eficiencia
Es el hacer las cosas bien, para ser eficaz, dentro del programa y con el mínimo de recursos.

Entrenamiento
Es preparar a las personas para que realicen las actividades de su responsabilidad con eficiencia aprovechando sus habilidades.

Capacitación
Es preparar a las personas para que realicen con eficacia su responsabilidad, con comprensión de la finalidad de sus funciones.

Desarrollo
Es la actitud de cada quien para incrementar sus capacidades individuales a fin de poder asumir mayores responsabilidades cuando la oportunidad se presente.

Tiene dos fases:
Una activa que es responsabilidad de cada persona.

Una pro-activa que es responsabilidad del jefe de cada persona y de la corporación en general, parar propiciar que cada quien se desarrolle, siendo fundamental dar retroalimentación.

Capital Humano
(Cultura de Credibilidad)

Nuestra visión de Servir
¿para qué?
y
¿Por qué?

Se informa,
se pregunta,
Analiza,
Estudia y
Entiende

Saber

Saber Ser

Reflexiona
y
Comprende

Saber Hacer

Aptitud

Actitud

Hacer Conociendo
Para que
y
Como

Nuestra Hacer es el Existir en el
Eterno Presente enmarcado en
una estrategia para lograr la
visión de Ser y Servir

Disposición de actuar en
beneficio de los demás
Comprendiendo y
responsabilizándome

Desarrollo Humano

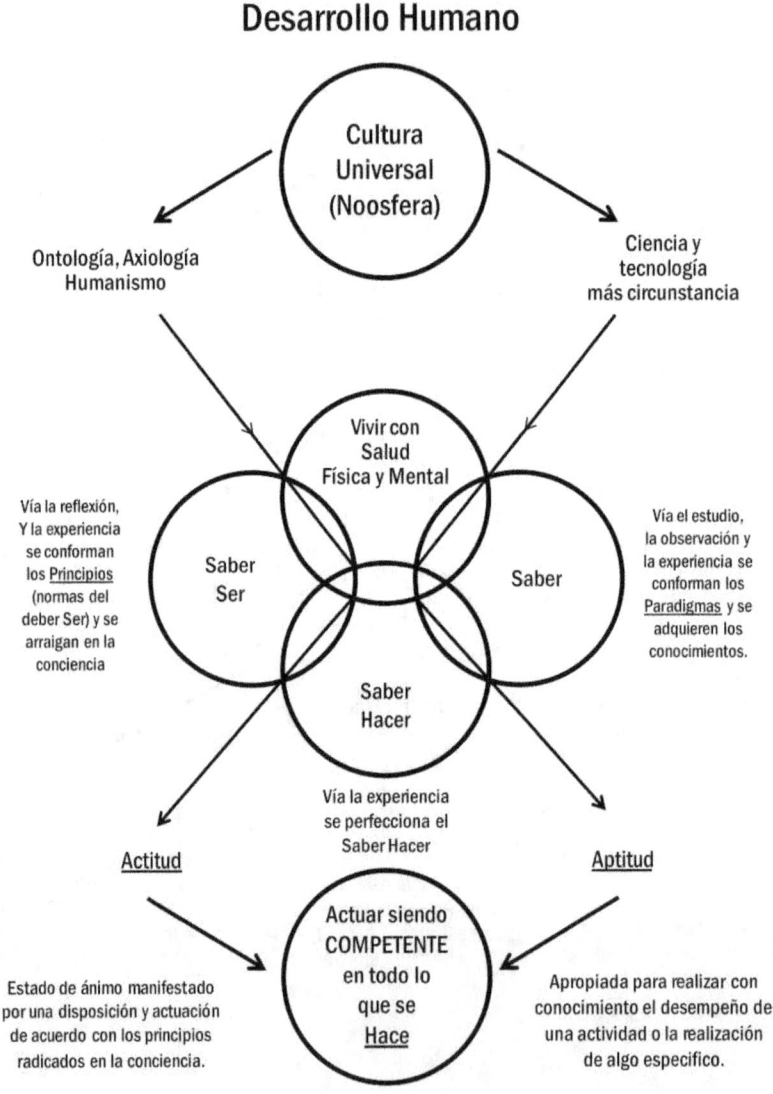

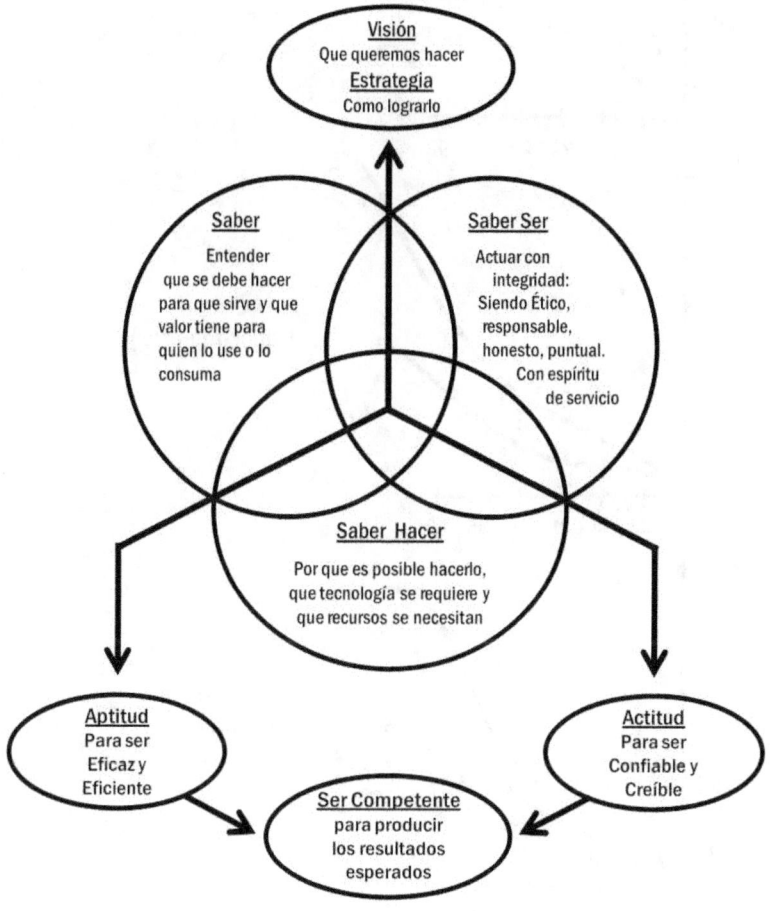

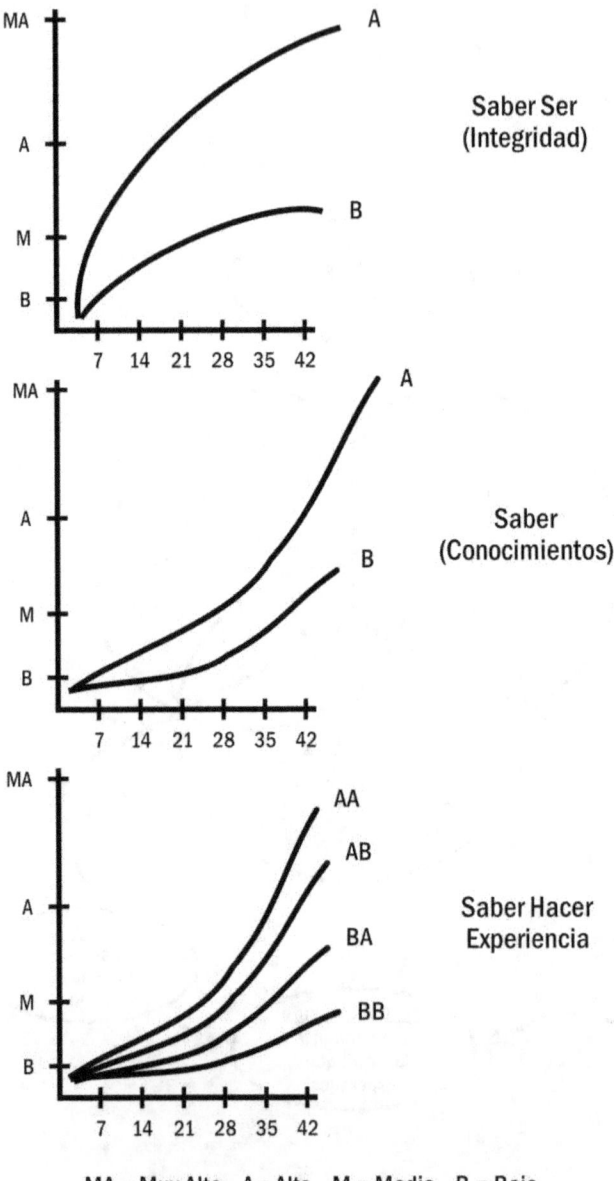

MA = Muy Alto   A = Alto   M = Medio   B = Bajo

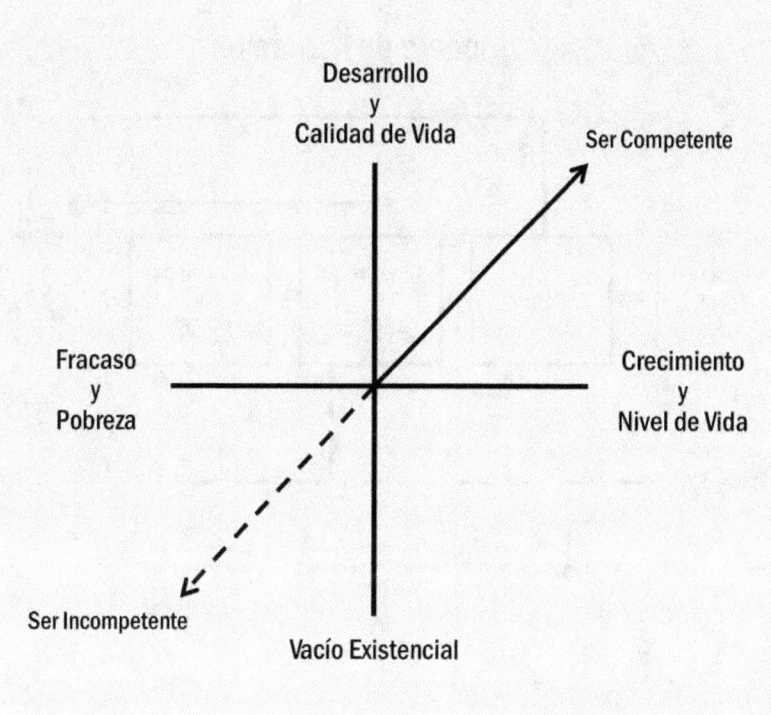

Modelo de Actuación

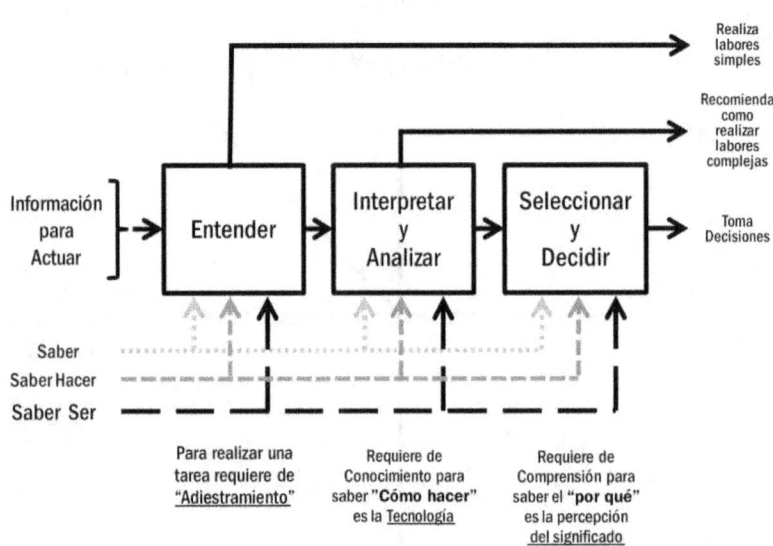

Capital Financiero

El capital financiero es un medio para lograr que los procesos creadores de valor funcionen y cumplan con los propósitos de la entidad.

Muchas veces este recurso es considerado como un fin y sustituye los propósitos de la entidad que son la razón de ser de la misma; pues a través de ellos se dará satisfacción a las necesidades y expectativas de los diversos grupos de interés.

Conviene repasar algunos conceptos y cuestiones básicas que son la esencia de la administración financiera y también nos referiremos a las tendencias que claramente se están dando en el desempeño de la actividad financiera dentro de la empresa, como parte integral de los enfoques necesarios para lograr ser y mantenerse competente, dentro de la transformación que estamos todos experimentando de una economía global.

La administración financiera debe cuidar que los recursos financieros se manejen con Eficacia , Eficiencia y Credibilidad y que su utilización sea totalmente congruente con la visión y la estrategia y que su obtención se haga utilizando las fuentes más adecuadas.

La función de "Administración Financiera" se da en todos los entes, las personas, las familias, las empresas y los gobiernos, sin importar tamaño ni especialidad y su responsable es el ejecutivo de más alto nivel, quien podrá delegar facultades en otros ejecutivos especializados.

Así encontraremos que en la familia se requiere que alguien haga cabeza en lo financiero; en un negocio pequeño, es el dueño el que se encarga del manejo y obtención de los recursos financieros. Conforme la empresa sea de dimensiones mayores, la responsabilidad siempre estará ubicada en el más alto nivel de la jerarquía administrativa y delegadas facultades al Director General y al Ejecutivo a cargo de la función financiera, llámese este Director Financiero, Vice-Presidente, Gerente de Finanzas o como corresponda a las nomenclaturas de cada entidad. Tendrá la estructura que sea conveniente para satisfacer las necesidades de cada empresa en particular, sea desde un pequeño núcleo de personas, hasta esquemas complejos y sofisticados, tratándose de empresas de gran tamaño y diversificación tanto en línea de productos y/o servicios como en cobertura nacional o internacional.

Podemos decir que la esencia de la función financiera es la misma en todos los ámbitos públicos y privados y la podemos agrupar en los siguientes campos:

- Establecimiento de la Política Financiera
- Preparación de la Información Financiera
- Análisis de la Información Financiera
- Planeación Financiera
- Control Financiero
- Cumplimiento de las obligaciones Fiscales y Gubernamentales
- Obtención de los Recursos Financieros
- Administración de Riesgos
- Manejo de la Tesorería

La dirección del cambio organizacional está centrada atendiendo más a la efectividad y a los procesos que a las funciones; al trabajo en equipo, que a la división de tareas, más orientado a definir responsabilidades que a los puestos mismos, en un ambiente de más delegación de facultades; por lo tanto, la información debe apegarse a estos nuevos requisitos.

Para que se pueda lograr que la toma de las múltiples decisiones operativas tenga un criterio financiero, es indispensable que se cuente con un sistema de información que permita a los tomadores de decisiones operativas conocer los elementos que se deben tomar en cuenta desde el punto de vista de su impacto financiero. Por lo tanto, el ejecutivo de finanzas debe ser el responsable de asegurarse que dicho sistema de información funcione Eficaz y Eficiente.

Es importante mencionar que las decisiones operativas deben incorporar un criterio financiero y deben contar con información para poder aplicar dicho criterio.

Porque:

- Todo tiene un costo.
- Al final se verá compensado con un ingreso.
- Toda infraestructura que se requiera significa una inversión.
- Todo recurso financiero que se utilice tiene costo.
- Las distintas fases de la operación y de las inversiones tienen un riesgo potencial.
- Para que el ente funcione, se requiere de un flujo de efectivo que asegure que la actividad esté en marcha, la liquidez es a los entes económicos como la respiración a las personas, si no respiran, se mueren; si no hay liquidez, pasa los mismo.

Todo esto significa que el ejecutivo de finanzas debe estar más cerca de la operación y toda la operación más cerca de las finanzas.

Con los avances de la tecnología informática se puede y se debe configurar un sistema de información financiera o de control de impacto financiero de las actividades y estado de las operaciones empresariales, que permita tener la información suficiente para actuar dentro de criterios financieros.

Los recursos financieros son un medio para que la operación y desarrollo de la empresa se realicen y que no sean un fin como fueron manejados durante la época de inflación, que durante varios años se vivió en México. Esto propició que las empresas se obsoletaran al usar los recursos financieros para invertir en los mercados de dinero y de capitales y así lograr los niveles de utilidad que requerían en lugar de usar los recursos financieros para lograr mejorar su competitividad en una economía global.

No cabe duda que el futuro mediato será conformado por quienes avancen en la dirección de trabajo en equipo orientado al mercado, para satisfacer con eficacia sus necesidades, pero manteniendo un alto nivel de eficiencia. Es ahí, donde la función financiera toma gran relevancia, pues todo lo que se hace tiene un costo y por lo tanto el control de costos es fundamental.

En esta materia se avanza continuamente, hay muchos enfoques para su registro y control, pero siguiendo la tesis desarrollada en este trabajo, los costos deben enfocarse para tener información relativa a cada eslabón de las Cadenas de Valor y de igual manera para los eslabones de las Cadenas de Proceso y de las de Responsabilidad, pues el control de los costos está en las facultades de cada uno de los responsables, culminando en el responsable de todo el ente ya sea empresarial o gubernamental.

7. CULTURA DE INTEGRACIÓN DE VALOR

En el transcurso de nuestra vida, pasamos por una serie de etapas que se inician desde una dependencia total que sucede en nuestra infancia, pasando por la de independencia en la que nos bastamos a nosotros mismos, o por lo menos lo pensamos y poco a poco nos damos cuenta de nuestra vida interdependiente.

Esas interdependencias en las que participamos, las empezamos a captar en la familia, en la escuela, en los juegos con los amigos y compañeros, en los deportes, comprendiendo lo que significa participar en un equipo.

Aquí encontramos la esencia "trabajar en equipo para lograr un fin común" y así, durante toda la vida participamos en grupos de trabajo, de opinión, de contribución de ideas, de investigación y de creación.

Participamos en comités de trabajo, en consejos de administración, en asambleas y en grupos colegiados como son los trabajos que se realizan en el área gubernamental, en las cámaras legislativas, que deben ser un modelo para la sociedad, por la calidad de sus resultados y por su comportamiento, para agregar valor a las decisiones en beneficio de la sociedad a la que sirven y un ejemplo de lo que es trabajar en equipo y no en montón, actuando con visiones paradigmáticas individuales en vez de colectivas.

Siempre podemos integrar valores en una cadena o en un equipo para beneficio de cada uno y en particular del grupo en su conjunto y del resultado que se logre para beneficiar a la sociedad, logrando con ello Eficacia al mismo tiempo que al aprovechar de manera óptima los recursos, entre ellos el más importante, el talento y la experiencia de cada participante se logra así Eficiencia en la obtención de la Eficacia.

Una actuación correcta siempre produce confianza y Credibilidad, que es el elemento fundamental para participar en un esquema de interdependencia.

Se debe tener siempre presente que vivimos, aprendemos, aportamos, nos divertimos, progresamos, logramos nuestro desarrollo actuando dentro de la sociedad y que nuestro sentido de responsabilidad al actuar se reflejará en la sociedad a la que servimos y de la que nos servimos, de acuerdo con el grado de influencia y repercusión de nuestras decisiones.

Hagamos de nuestro Hacer cotidiano una entrega de valor a la sociedad y avancemos hacia una Modernización Humanista, al actuar con Responsabilidad Integral.

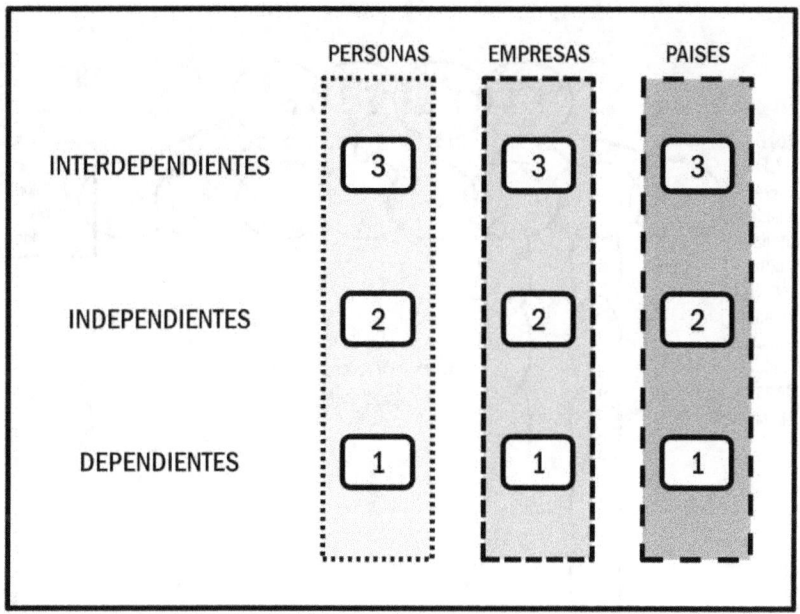

Cadena de Integración de valor empresarial

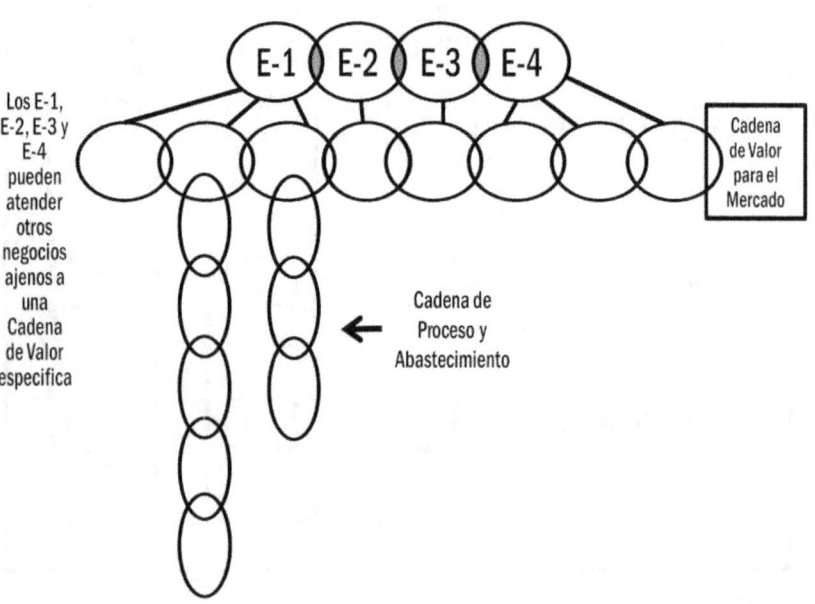

Los E-1, E-2, E-3 y E-4 pueden atender otros negocios ajenos a una Cadena de Valor especifica

E-1 E-2 E-3 E-4

Cadena de Valor para el Mercado

Cadena de Proceso y Abastecimiento

Órganos Colegiados

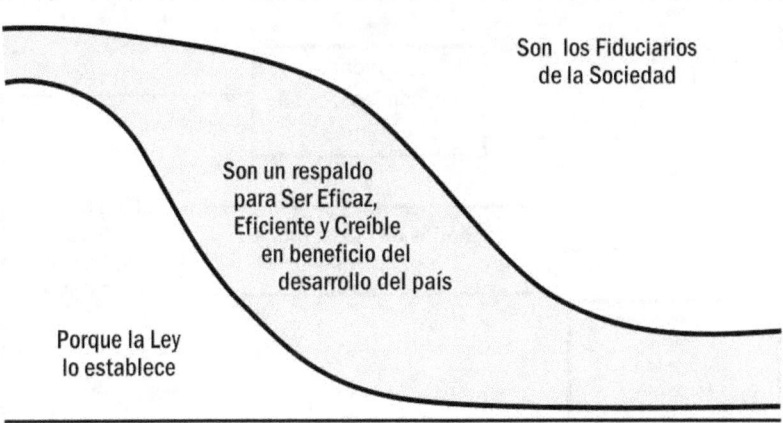

Son los Fiduciarios
de la Sociedad

Son un respaldo
para Ser Eficaz,
Eficiente y Creíble
en beneficio del
desarrollo del país

Porque la Ley
lo establece

Se deben integrar para tomar decisiones que cumplan con la Eficacia, Eficiencia, Legalidad y Credibilidad, que se requiere.

Deben compartir el <u>Propósito</u>

☐ Qué País queremos tener.

☐ Qué Empresa queremos tener.

☐ Qué Asociación Profesional queremos tener.

☐ Qué Familia queremos tener.

Integrando equipos de unidades de post - grado de otras disciplinas:
Agricultura, Química, Ciencias Políticas, Economía, Medicina, Ingeniería, Leyes, etc.

Alianzas Empresariales
de Investigación y Desarrollo

PRESENTE

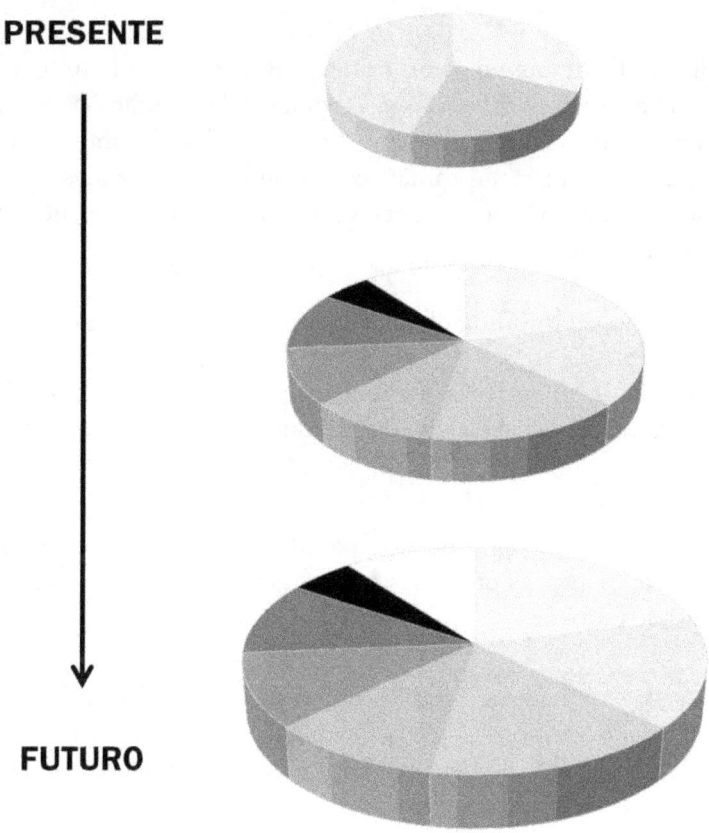

FUTURO

EPÍLOGO

Decidir Ser Competente es un valor, porque representa un deber ser; y un deber ser, para que sea, requiere de condición moral, de voluntad para pensar, para comprender, para actuar y fundamentalmente para tomar compromisos personales que auto obliguen a cumplir y a ser perseverantes para lograr el devenir del deber ser en el ser.

Competencia, en lo fundamental, significa:

1. Ser capaz de entender las necesidades y expectativas de los últimos consumidores o usuarios de un producto o servicio (puede ser la familia).

2. Ser capaz de comprender los paradigmas vigentes o de crearlos, esto es, cuestionar las creencias que someten nuestras capacidades de pensar y de innovar.

3. Ser capaz de enfocar toda la actividad (operación de la empresa, gobierno y/o persona), para lograr la plena satisfacción de las necesidades a que estamos obligados, o que decidimos que vamos a satisfacer.

Todos queremos mayor autonomía de gestión, que como lo indica la etimología de la palabra autonomía consiste en ser la propia ley de uno mismo.

Aspirar a más libertad obliga y compromete, requiere de vivencia de valores, que se conviertan en el hacer cotidiano en una actuación profesional.

Para progresar y contribuir al desarrollo humano ecológico y socioeconómico, se requiere que las personas, empresas y entidades gubernamentales, (en su totalidad), sean competentes, es decir:

Eficaces, Eficientes y Creíbles en todo lo que realicen

GANAR	GANAR	GANAR
LA SOCIEDAD A LA QUE SE SIRVE	NOSOTROS MISMOS	LA SOCIEDAD DE LA QUE NOS SERVIMOS

Requerimos sustentar nuestra visión y nuestra acción dentro de paradigmas Humanistas, Ecológicos y Económicos, cumpliendo siempre con las leyes que nos rigen.

Es necesario fortalecer nuestra actitud y aptitud para mejorar nuestro nivel de COMPETENCIA. Recordemos que todo es perfectible y no esperemos que otros lo hagan, actuemos nosotros lo más pronto posible...

¡Es Urgente!

Nos ahogamos en el detalle y conflicto operativo de cada día y dejamos de lado a veces olvidando la esencia, que es la potencialidad para actuar en el entorno cambiante; en los verdaderos paradigmas que nos den la visión realista de cómo enfocar nuestro existir para que sea efectivo y que cumpla con sus propósitos reales y verdaderos.

Todos los humanos somos "Fin y Medio".

Por lo tanto, es indispensable Decidir Ser Competentes, para beneficio de las personas, de la sociedad y de nosotros mismos.

De esta manera, mejoraremos la noosfera, la biosfera y la ecosfera, al actuar siempre con Responsabilidad Integral y avanzaremos hacia una modernidad con Humanismo, no solamente con avance tecnológico.

Humanismo es también hacer el mejor esfuerzo para motivar y facilitar, para que las personas se concienticen de que deben evolucionar en su <u>Saber Ser</u> y en sus conocimientos para actuar con competencia en beneficio de ellos mismos, su familia, allegados, clientes, alumnos, municipio, curul, empresa y de la sociedad en general.

Necesitamos avanzar hacia un mundo más limpio, seguro, justo, humano, ético, confiable, libre de enfermedades.

Casi todos coincidimos en esos deseos pero la mayoría piensa que le toca a otros avanzar y que uno mismo no podemos hacer nada.

Si avanzamos todos a lograr una actuación en todo lo que hagamos dentro de los parámetros aquí expuestos para ser competentes, estaremos avanzando a crear el mundo que aspiramos tener.

Actuemos con competencia en lo que hacemos y exijamos a quienes nos proporcionan servicios lo hagan también, así avanzaremos a una cultura de competencia.

Para nuestro México, hago una llamada a crear un "espíritu solidario" que nos una, en una cruzada para humanizarnos, para unir esfuerzos en todos los ámbitos, sociales, económicos y políticos, para actuar en todo nuestro hacer con competencia, abandonar cuando sea el caso el "ahí se va", que nos destruye poco a poco y huir de áreas de destrucción y corrupción en cualesquiera de sus formas.

Con mis mejores deseos por realizar un esfuerzo en beneficio nuestro y de las generaciones venideras.

Al ser competente, se progresa y se contribuye
al desarrollo Humano y Socio – Económico

Para lograrlo, se requiere de una:

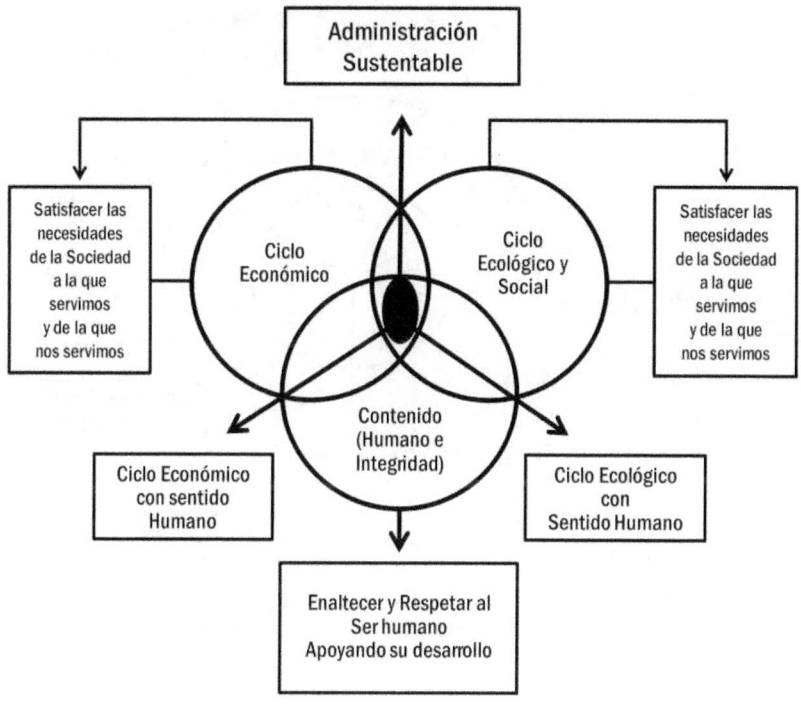

Administración
Sustentable

Satisfacer las
necesidades
de la Sociedad
a la que
servimos
y de la que
nos servimos

Ciclo
Económico

Ciclo
Ecológico y
Social

Satisfacer las
necesidades
de la Sociedad
a la que
servimos
y de la que
nos servimos

Contenido
(Humano e
Integridad)

Ciclo Económico
con sentido
Humano

Ciclo Ecológico
con
Sentido Humano

Enaltecer y Respetar al
Ser humano
Apoyando su desarrollo

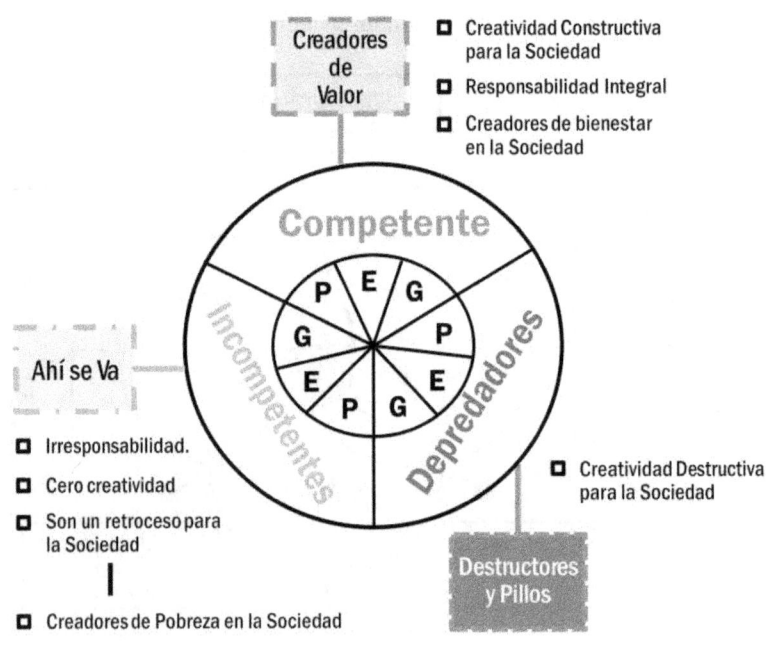

P = Personas   E = Empresas   G = Gobiernos

Una última reflexión para analizar en donde nos ubicamos

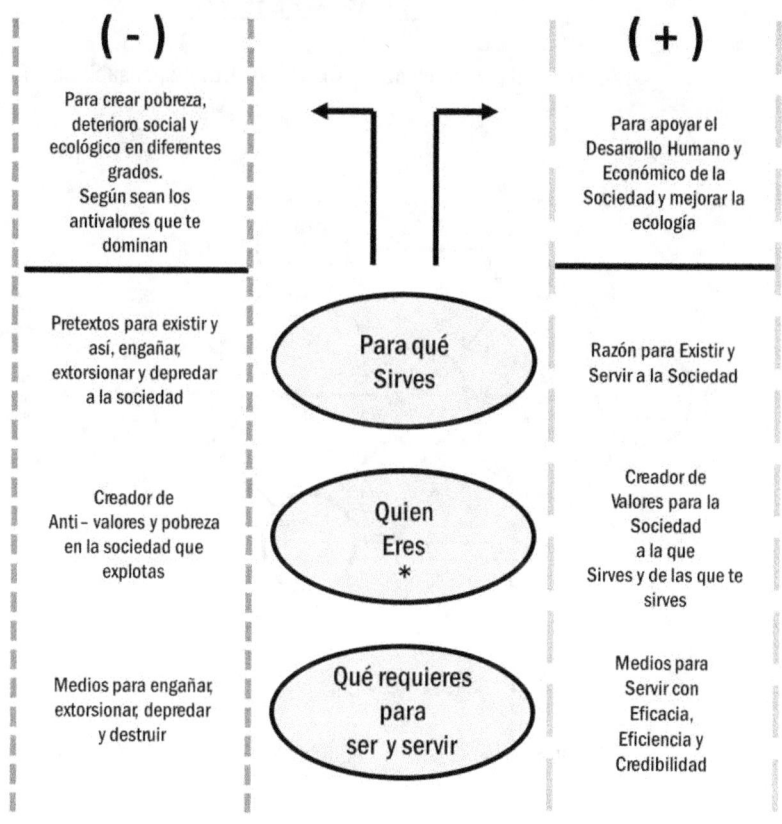

(-)		(+)
Para crear pobreza, deterioro social y ecológico en diferentes grados. Según sean los antivalores que te dominan		Para apoyar el Desarrollo Humano y Económico de la Sociedad y mejorar la ecología
Pretextos para existir y así, engañar, extorsionar y depredar a la sociedad	Para qué Sirves	Razón para Existir y Servir a la Sociedad
Creador de Anti - valores y pobreza en la sociedad que explotas	Quien Eres *	Creador de Valores para la Sociedad a la que Sirves y de las que te sirves
Medios para engañar, extorsionar, depredar y destruir	Qué requieres para ser y servir	Medios para Servir con Eficacia, Eficiencia y Credibilidad

* Aplica a personas, empresas y gobiernos

Una Revisión de Paradigmas para
SER COMPETENTE
y
Dar cabal cumplimiento a TODAS nuestras responsabilidades.

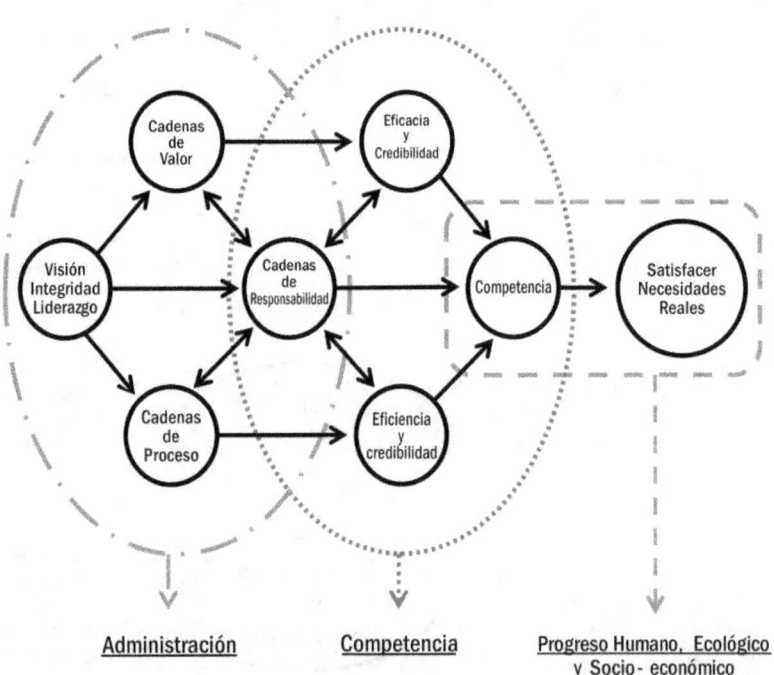

Administración   Competencia   Progreso Humano, Ecológico
                                             y Socio- económico

GILBERTO PALACIO VILLARREAL

Nació en la Ciudad de México en 1932.

Contador Público. Ocupó diversos cargos directivos en la Industria de Transformación, en la Industria Aseguradora y en la Banca Comercial.

En la práctica Profesional fungió como Director y/o Consejero de diversas Empresas, siendo su actividad principal orientada al rescate y conversión de las mismas o de algunas de sus funciones clave. Participando en más de veinte diferentes Consejos de Administración.

Se jubiló del Banco Nacional de México, S.A. en 1993, siendo su último cargo el de Director General Adjunto y Miembro del Comité de Dirección. A partir de entonces ha sido Consultor de Negocios.

Algunas funciones que llevó a cabo en diversas organizaciones profesionales y educativas han sido:

Presidente Nacional del Instituto Mexicano de Ejecutivos de Finanzas (IMEF) y miembro de los Consejos Consultivos.

Presidente del Consejo de la International Association of Financial Executives Institute (IAFEI), que representa a Institutos de Ejecutivos Financieros a nivel mundial.

Presidente Nacional del Instituto Mexicano de Auditores Internos.

Es miembro del Colegio de Contadores Públicos de México, desde hace casi 50 años.

Desde 1987, junto con otros Egresados realizan la primera asamblea constitutiva del Patronato de Egresados de la Escuela Superior de Comercio y Administración (ESCA) formando parte como miembro de los Consejos Consultivos.

Profesor, Conferencista y Ponente en varios foros Nacionales e Internacionales.

Autodidacta en varios campos, como la Filosofía, la Literatura y el Medio Ambiente.

www.ingramcontent.com/pod-product-compliance
Lightning Source LLC
Chambersburg PA
CBHW070320190526
45169CB00005B/1677